貨幣陰影
《魯賓遜漂流記》的金錢寓言

ROBINSON CRUSOE'S MONEY;

OR, THE REMARKABLE FINANCIAL FORTUNES
AND MIS-FORTUNES OF
A REMOTE ISLAND COMMUNITY

大衛・威爾斯 David A. Wells ———— 著

許艾利 ———— 譯

內頁插畫引用自1876年原著版本數位書檔

畫作家托馬斯・納斯特（Thomas Nast），美國十九世紀

著名政治諷刺畫家

關於《魯賓遜漂流記》：
一個人的荒島求生

　　自小懷有航海夢的魯賓遜，十九歲時便不顧家人反對，毅然決然踏上了追尋海上生活的旅程，只是這趟旅程並不順利，他先是遭遇風暴，後被海盜俘虜，雖然經歷艱難逃出生天，在巴西定居了四年，但他內心始終渴望航海生活，因此，他又再次啟航，接受了前往非洲購買奴隸的任務。不料航行途中遭遇颶風襲擊，船隻觸礁，除魯賓遜外，他的同伴全數罹難，他成了唯一的倖存者，流落到一座無人荒島，展開新的生存挑戰。

　　初到荒島時，他全身溼透，沒有任何乾衣服、食物或工具。他靠著求生本能，想辦法在漲潮前多次游回觸礁的殘船上，陸續

搬回食物、工具、火藥、槍支，同時，他還在一個鎖住的木櫃裡發現了金幣、剃刀和剪刀。他望著閃閃發光的錢幣，不由得苦笑：「你到底有什麼用？唉，沒用的東西。」雖然這麼想著，他還是將錢全都帶走了。

之後他在島上搭建住處、修建倉庫和設置防禦工事，逐漸適應了這片蠻荒之地。1659年，他取來一根粗壯的木頭，用刀子在上面刻下深深的一排字：「魯賓遜於一六五九年十月四日登陸」，此後，他開始用日記記錄荒島上的點滴，這些文字，成為他與文明世界的最後聯繫。

漸漸的，他學會種植大麥和稻米，馴養山羊、製作衣物，甚至還燒製陶器。儘管生活艱難，他仍一步步建立起一套完整的生存系統。然而，挑戰從未停止，瘧疾折磨、地震驚嚇、物資短缺，以及隨之而來的自我懷疑，都不斷考驗著他的意志力。

魯賓遜就這樣在島上日復一日的生活著，直到第25年的某天清晨，平靜的日子被打破了。一群野人帶著俘虜，準備進行殺戮與吃人的儀式。他突然鼓起勇氣出手，救下了那名即將被殺的野

人，並擊退追捕者。他為獲救的俘虜取名為「星期五」。星期五成為他忠實的僕人，聰明又勤勞，很快學會了英語和島上的生活方式，兩人也漸漸培養出深厚的感情。

後來，他們又一次的從野人手中救出兩名俘虜——一名是西班牙人，另一位竟然是星期五的父親。從此，四個人開始在島上辛勤耕作，以備未來解救更多人。

某一天，西班牙人提議返回野人島找尋被困的同伴，魯賓遜答應了，於是西班牙人與星期五父親便帶著豐富的物資返回原來的島上，只是時間一天一天的過去，他們還沒等到西班牙人，卻等來了一艘英國商船。

魯賓遜與星期五看到十幾個人登岸，其中有三個人很明顯是俘虜。經過暗中觀察和審慎盤問，魯賓遜得知其中一名俘虜正是那艘船的船長，因為船員叛變而被囚禁。魯賓遜立即與船長合作，設計反擊計畫，最後成功制伏了叛變的船員，奪回商船的主控權。

有了這艘商船，魯賓遜興起了回英國的念頭，在一六八六年

十二月十九日，魯賓遜終於離開這座他生活了二十七年兩個月又十九天的荒島，踏上返鄉之路。

他帶走了自己製作的山羊皮帽、傘、鸚鵡「波爾」，以及那一袋佈滿灰塵的金幣。忠誠的星期五也陪他一起離開。

經歷漫長的航行後，魯賓遜於一六八七年六月十一日平安返抵英國，結束了這段驚心動魄、孤獨，但卻令人永生難忘的荒島歷險。

我看到這麼多錢時,不禁苦笑起來。「喔,毒藥!」我大聲說,「你到底有什麼用?唉,沒用的東西!對我來說,一點價值都沒有,根本不值得我彎腰去撿。隨便一把刀都比錢實用。」

目錄

前言 015

第 1 章　三大袋貨幣 019

第 2 章　一種全新的社會秩序 023

第 3 章　以物易物 027
　　　　—大費周章的交換過程
　　　　—以物易物的僵局

第 4 章　他們如何發明貨幣 035
　　　　—貨幣的形式

第 5 章　島民及其他人如何獲得智慧 047
　　　　—繁榮假象
　　　　—歷史總是似曾相似

| 第 6 章 | 他們如何開始使用黃金 | 065 |

　　—黃金的啟發
　　—黃金的特質
　　—魯賓遜發現的「錢」
　　—鑄造貨幣後的改變

| 第 7 章 | 島民的道德抉擇 | 083 |

| 第 8 章 | 島民如何以貨幣取代錢 | 089 |

　　—黃金憑證的發展

| 第 9 章 | 與食人族之戰 | 099 |

　　—無法預測的購買力
　　—貨幣波動與商業活動

| 第 10 章 | 戰後 | 115 |

　　—戰後經濟迷思
　　—阻礙財政改革的雙面角色
　　—借鏡西班牙圍城

第 **11** 章　理想的黃金時代？　　　　　　　　　　133
　　　—貨幣改革的狂熱者
　　　—法院的荒唐定義
　　　—理想體系的付諸實踐
　　　—理想貨幣與實驗結果

第 **12** 章　覺醒　　　　　　　　　　　　　　　　167

Preface
前言

　　這本小書是這麼開始的：幾個月前，一些傾向採取嚴格貨幣政策的支持者向作者建議，為了讓大眾了解（也可能為了政治目的），應該準備一本小冊子或短文，就像教英文ABC那樣從最基礎的角度開始，簡單扼要地介紹和闡述貨幣和貨幣制度的基本原理。雖然目前已有大量演講和文章發表過同樣主題，但並不完全符合當前的需求，因此這樣的作品是有其必要性的。然而，如何讓這些常被討論，卻又很容易讓人枯燥的抽象主題具備足夠的新鮮感，使其既能吸引對此議題沒有興趣的人，又要能讓他們理解，這確實是一個不容易解決的問題。

最後，一個點子就這樣冒出來了。這本書就像各種寓言、諷諭和比喻故事那樣，藉由故事來傳達道理。於是，書中構思了一個偏遠、荒涼的島嶼，讓這裡從未開化的狀態，漸漸的發展為高度文明的島嶼社區。其中交換的工具機制從最剛開始的以物易物、金錢交易，到使用政府發行的紙鈔硬幣等，同時當時主流的財政政策或理論也會實際應用在這個島嶼，作者將這一切過程都記錄下來。在閱讀的過程中，讀者會從內文旁邊的註解發現，上述的這些過程，許多看似荒謬的觀點，其實在歷史上都真實的發生過。

如果要解釋這本書的目標或寫作方式，作者認為他可以借鑑傑出的傑弗里・克雷恩紳士（Geoffrey Crayon, Gent.，譯注：華盛頓・歐文〔Washington Irving〕的筆名）所開創的先例。他在其著作《旅行者的故事》（*Tales of a Traveler*）的引言中，巧妙地闡述了恰當運用故事作為傳達資訊手段的特殊優勢。他說：「我不喜歡那些直接將道理寫出來的故事，相反的，我常常將我的寓意隱藏起來，並盡可能地用有趣的詞彙和生動的情節加以包

裝，這樣，當單純的讀者張著嘴巴聽鬼故事或愛情故事時，可能已經不知不覺地吞下了一劑有益的道德啟發，而對這種巧妙的『欺騙』渾然不知。」

至於本書作者能否成功地讓那些已經厭倦了老套貨幣療法（政策）的人，心甘情願地吞下裹上糖衣的藥丸，還有待觀察。

大衛‧威爾斯

美國康涅狄格州，諾威奇，1876年1月

Robinson Crusoe's Money

第 1 章
三大袋貨幣

THE THREE
GREAT BAGS OF
MONEY

Robinson Crusoe's Money

所有讀過《魯賓遜漂流記》(*Robinson Crusoe*)的人（誰沒讀過呢？）都會記得他在荒島上定居一段時間後，打開從沈船漂來箱子時的情形。在箱子裡，他找到了針、線和針線包，一把大剪刀，十幾把好刀，一些布料，還有十八條白亞麻手帕。他曾經特別提到手帕：「在炎熱的日子裡用它們擦臉非常涼爽」；最後，在箱子的小抽屜裡，他發現了「三大袋金幣與銀幣」。

大家還記得嗎？魯賓遜非常開心發現這些東西（除了錢），不但增加他在荒島上的儲備用品，也提升生活的舒適度與幸福感。但對於錢，情況可就不是如此。在那種環境下，錢對他來說一點用處也沒有。他看著錢忍不住笑了，自言自語地說：「我看到這麼多錢時，不禁苦笑起來。『喔，毒藥！』我大聲說，『你到底有什麼用？唉，沒用的東西！對我來說，一點價值都沒有，根本不值得我彎腰去撿。隨便一把刀都比錢實用。不，我寧願用所有的錢換一大包煙斗；或者只值六便士的英國蘿蔔和胡蘿蔔種子；又或者換一把豌豆和豆子，再加一瓶墨水也不錯。』」

在介紹他筆下英雄生活中的這一幕時，作者笛福（De Foe）

第 1 章 三大袋貨幣

可能從未想過要給讀者上一堂政治經濟學課。然而,對於那些願意深入思考的讀者來說,很難找到一個如此簡單的例子,能如此清晰地揭示所謂「財富」的本質;也很難找到一個這麼好的起點,讓我們能夠從中正確理解「貨幣」的起源和作用。基於上述說明,那麼讀者大概就能輕易的明白以下提及的幾個觀點,不需過多解釋:

第一,針和針頭、剪刀、刀子和布對魯賓遜來說極其有用,因為他非常想要這些東西,擁有它們能大大提升他在荒島上的舒適度和幸福感。

第二,雖然這些東西有其功能,但它們沒有交換價值,不能被買賣;換句話說,不能與任何人交換任何東西。

第三,這些東西沒有價格,因為它們不具備可以用貨幣來衡量的購買能力。

第四,在這種情況下,被普遍視為財富象徵的貨幣,既無實用性,也無價值,更無價格。它不能被吃、被喝、被穿、被當成工具,也不能與任何人交換任何東西,完全配得上魯賓遜給它的

稱號:「可悲又毫無價值的東西。」

最後,針、針線、刀子、布料和剪刀對魯賓遜來說都是資本,因為它們都是能夠用來生產有用或渴望物品的工具。在這種情況下,金錢,或者說貨幣不是資本,因為它不能用來生產任何東西。

那麼,讓我們先從一個情境出發:島上的貨幣顯然既無用途,也無價值。接著,再一步步探討,在什麼樣的環境變化下,貨幣才會逐漸變得有用,產生價值,進而成為交換的媒介,並發展為制定價格的標準。

第 2 章
一種全新的社會秩序

A NEW
SOCIAL ORDER
OF THINGS

第一個來到荒島,加入魯賓遜的人是星期五,接著是星期五的父親。但即使人數增加了,仍然沒有使用金錢的必要,因為這三個人只構成了一個家庭,三名成員一起勞動並共享他們所獲得的物品,當然也不需要進行任何物品的交換。然而,當老金(Will Atkins,譯注:叛變的英國水手之一)和英國水手到來時,可以預見島上的人口將大幅且永久地增加,不可避免的,荒島需要另一種全新的社會秩序。由於每個人的喜好和脾氣不同,以及渴望擁有自己的獨立空間,昔日那種如家人般無條件分享、依賴的模式,顯然已難以維持。

很快地,他們也清楚地領悟到:出於自私本性,若想增加這個新社群的可用資源數量,並提升資源品質,最佳的方法並不是讓每個人各自包辦所有需求。倘若人人都同時兼任木匠、麵包師、裁縫、泥瓦匠等各種角色,反而效率低下。因此,更合理的做法是讓每個人專精於某一職業,然後透過交換各自生產的物品或服務,來獲取自己所缺乏,卻需要的東西。

他們很自然地意識到,即便魯賓遜原本是來自文明世界的

第 2 章 一種全新的社會秩序

人，如果他孤身一人長期留在島上，也終將淪為一個徹底的野蠻人。原因無他，就是孤立無援，無法與他人進行交換。起初，魯賓遜因為從沉船中撿到大量物資而暫時擺脫了這個命運；那些刀具、斧頭、槍枝、布料等資源，都是他人長年累積的勞動成果，等於是一筆寶貴的資本。然而，如果當初船隻並未為他帶來任何物品，他便不得不事事親力親為，無論是製作帽子、衣服、鞋子、烤麵包，還是用弓箭獵取肉食、用斧頭建造房屋，甚至連斧頭和錘子這樣的工具也必須自己打造。在這種情況下，即使付出極大努力，也只能夠勉強維持生存，最後終將無可避免地走向野蠻化。

於是，島上出現了系統化的工作分工及產品交換，這形成一種完善的生產機制，或者說是構成了謀生方式的重要環節。值得特別注意的是，正是從此刻開始，商品與服務才具有可交換性，也因此擁有了我們所稱之為「價值」的特性。

Robinson Crusoe's Money

第 3 章
以物易物

THE PERIOD OF BARTER

然而，最初始的交換必然是以實物交換的方式進行，也就是我們說的「以物易物」，用一定數量的商品或服務換取另一種商品或服務，例如，用穀物換布料，用毛皮換刀子或菸草，後來更演變為用建造房屋的勞動力換取製造獨木舟的技能。

這種最古老的交換方式，即便是在最文明的社會中也依然存在。但在這種交易情況下，貨幣毫無用武之地，也就不存在所謂的「價格」。就如同前章所述，「價格」的定義即是以貨幣來表示某項商品或服務的購買力。

藉由經驗，荒島上的人很快發現，以物易物的原則存在著一種障礙，除非完全消除它，否則會嚴重到足以阻礙社會文明的進步。發現的過程大概是這樣的：

大費周章的交換過程

裁縫師老崔（Twist）做好一件外套，卻發現家裡沒有麵包了，肚子餓的他只好放下手邊工作，去找麵包師傅阿尼（Needum），想用外套換麵包。他很快找到阿尼，那時剛好麵包出爐，

第 3 章 以物易物

但他不缺外套,直接拒絕了老崔交換的提議。不過,阿尼好心地告訴老崔,要是有人拿多餘的穀物或麵粉來,他很樂意用麵包來交換。老崔既不是農夫也不是磨坊工人,這兩樣東西他都沒有,只好轉身前往荒島的另一邊,那裡還有一個麵包師傅,看看對方需不需要外套。

在路上,老崔被石匠老派(Pecks)追上了。老派沒有外套,正想要老崔做好的這件衣服,為此,他停下手邊的砌牆工作,專程去找裁縫師,想用一根新煙囪跟他換外套。但老崔家裡已經有兩根煙囪了,且無米可炊,再換煙囪毫無意義,所以石匠跟裁縫師的交易,就像剛才裁縫師與麵包師傅一樣,以失敗告終。

最後,再一番費時費力的奔波後,老崔終於找到一個願意用麵包換外套的麵包師傅,而老派也遇到願意用外套換煙囪的裁縫師。同時,阿尼則是關了麵包店,去找願意用穀物換麵包的農夫小迪(Diggs)了。

然而,當所有想要交換各自產品或服務的人終於聚在一起時,一個令人頭痛的難題隨之浮現,讓大家不禁開始懷疑:「或

許自己生產所有產品還比較省事，總比交換來得容易。」

「因為，」他們說，「我們要怎麼確定各種商品與服務之間的相對價值呢？」

老崔也抱怨道，「我怎麼知道，我的外套應該換多少個麵包才公平？」

老派也開口，「又或者，我的衣服應該換一個多高多寬的煙囪呢？」

除此之外，農夫小迪與麵包師傅阿尼還因一筆交易爆發了小爭執──阿尼希望一次給足小迪所有的麵包做為交換；但小迪不願意，因為他不想囤積這麼多麵包，既不新鮮、甚至可能發霉，他寧可每天收到一個新鮮麵包來換他提供的穀物。

至於可憐的裁縫師老崔，此時已經餓得發慌。即便他知道自己的房子很小，無法存放太多糧食，甚至得把部分「報酬」堆在屋頂上，明知道那些麵包最後肯定會被其它人偷吃掉，他也不敢反對「用一整車麵包換外套」的提議了。

第 3 章 以物易物

以物易物的僵局

此時島上發生了另一件事,引起島民熱議。

有名工人除了勞力可出賣外,一無所有,他受僱為一艘船裝載煤炭(島上剛發現了煤礦脈)。他辛勤工作一整天後,得到的報酬竟是一噸煤。然而這名工人急需的是食物、飲水和住所,而非煤炭(儘管煤炭在某些用途上確實珍貴)。他別無選擇,只能設法盡快把煤炭換成生活必需品。

由於他過於貧窮,租不起馬車,因此借了輛手推車,裝滿煤炭後便上街尋找有多餘食物或住所的人進行交易。但所有人都不缺煤碳。天色漸亮,這工人仍推著滿車的煤炭到處奔走,走到又餓又累,幾乎昏倒。

同樣遭遇也發生在屠宰場的學徒、鐵匠、木匠和布店夥計身上。他們當天的工資分別是一張羊皮、十二枚馬蹄鐵、一塊松木板和兩碼紅法蘭絨布料。所有人下工後皆忙著交換生活必需品,因此體力透支,隔日無法工作,他們都意識到:即使勞力報酬換

勞方代表與資方代表出現分歧

第 3 章 以物易物

成食物、飲水或住所,他們的狀況也不會有所改善。

因此,所有勞工召開了一次會議,並迅速決議:「現行的工資制度,以每位勞工所生產的部分商品作為報酬,實際上等於要我們必須再投入與工作相同的時間和勞力,才能將這些報酬轉化為滿足基本生活所需的資源;因此,雇主應該允許我們用一半工時去市場上交換我們所需,唯有如此,才是公正合理。」

對此,雇主反駁:「這種提議等同於將工資翻倍,不僅降低勞動效率,還會演變成物資短缺,生活條件變得更差,讓物質生活的發展停滯不前。」

因此,在那段時間裡,勞工與雇主的矛盾日益加深,形成一種僵局。與先前的狀況如出一轍,這種對立局面不僅讓雙方面臨重大損失,也勢必波及到整個島上的小社會,影響層面十分廣泛。

Robinson Crusoe's Money

第 4 章
他們如何發明貨幣

How They
Invented Money

島上居民，無論是勞工還是雇主都一致認為，人生苦短，不該將大把時間浪費在「大規模捉迷藏」的遊戲上。這種以直接以物易物為基礎的交換方式，在本質上就有此限制[1]，但他們也清楚意識到，若不設計並採用另一種交換方法，這種遊戲將持續下去，阻礙一切物質生活的進步。

於是，在本能的驅使下（魯賓遜也在一旁鼓勵），老崔、阿尼、老派、小迪、星期五、星期五的父親、老金以及其他人，在沒有任何法律強制的情況下，自發性地達成共識，以一種單一商品作為通用的交換媒介。換言之，他們未來將使用這種單一商品來交易各自的產品或服務。如此一來，每當有人需要進行交換時，便可先將手上的物品兌換成這種中介商品，無論它具體是什麼，再依照自身需求，在適當的時間與地點，以合理的比例購買所需之物。

此做法實施後，島上文明便向前邁進了一大步，而純粹以物易物所帶來的一大困境也隨之解除。裁縫師不再面臨飢餓，石匠無需再為獲取衣物而憂心忡忡，勞工也能以勞動換取等值的肉

第 4 章　他們如何發明貨幣

類、飲料、住所及其他必需品，而不必再費心周折。每個人都願意自由地提供自己的商品或服務以換取中介商品，因為他們知道，其他想要交換的人也會樂意這樣做。

此外，選定單一通用商品並賦予其通用且相對穩定的購買力，還解決了另一個棘手問題：為衡量其他商品或服務的相對價值提供了標準。這就好比測量長度或重量時，人們會使用公認的標準單位，比如我們稱之為「1 碼」的木條或「1 磅」的金屬塊。

麵包師阿尼可以說：「我的麵包值十個通用單位」。裁縫師老崔也可以說：「我的每件外套價值一千個通用單位」。麵包師傅和裁縫師之間的交換比例就很公平且明確：100 個麵包換一件外套。

——◇◆◇——

貨幣的形式

不同國家的人民普遍接受某種特定通用單位作為交易媒介，並以此衡量其他商品和服務的價值，而這樣的通用單位，我們稱

之為「貨幣」。

人類在不同時期，不同區域選擇的通用貨幣差異甚大，舉例來說，北美印第安人與早期殖民者曾以貝殼串珠和河狸皮作為通用貨幣；西非土著使用名為「海貝」（cowries）的小貝殼；阿比西尼亞（今衣索比亞）至今仍以鹽塊為通用貨幣；中國遊牧民族就會使用茶磚；而就在不久之前，墨西哥西海岸還曾以小肥皂塊作為流通的貨幣。

在遠古遊牧民族中，牛羊牲畜是最普遍的貨幣形式。英語中「金錢的」（pecuniary）一詞便源自於古語的「牲畜」（pecus）。古希臘詩人荷馬（Homer）史詩記載，海神格勞科斯（Glaucus）的鎧甲價值百頭牛；而當今南非祖魯人仍以牛群償還債務，並以此作為衡量財富的標準。

「由此可見，貨幣的誕生早在法規條文之前，且那些還未有法律規章的民族，貨幣依然存在並被廣泛的使用。」（譯注：這句話出自於英國經濟學家威廉・史丹利・傑文斯〔William Stanley Jevons〕的經典著作《貨幣與交換機制》〔*Money and the Mecha-*

第 4 章　他們如何發明貨幣

nism of Exchange〕）。

——◇◆◇——

要更透徹理解貨幣的本質，我們必須先認識一個基本事實：那就是歷史上從未有任何民族會選擇毫無價值的物品作為通用貨幣。這一點只要稍加思考便不難理解。在沒有規範交易與貨幣的法律下，若以沒有價值或生產成本極低的物品充當貨幣，如枯葉或任意塗鴉的紙片能被拿來購買其他商品或服務，那麼一定會有一些狡猾、想不勞而獲的人就能不費吹灰之力，輕易的掠奪他人辛勤的勞動成果。

儘管島上居民沒有受過教育，卻本能的避開了這種愚蠢的行為。後來研讀歷史時，他們更驚訝的發現，許多文明國家竟屢次使用毫無價值的東西作為貨幣。更令人啼笑皆非的是，一位自詡為經濟學大師的美國人來到這個島上，努力說服居民。他聲稱，「使用有價值商品作為貨幣將會產生巨大的缺陷」[2]。他不死心的

嘗試與學童交談,卻被這群小孩當場翻開史書,駁斥的啞口無言。這些書籍指出,所有試圖以零價值物品作為貨幣的國家,最後都會落得被掠奪的下場,以致於他們不得不轉而採用,獲得大眾承認,且具有穩定價值或購買力的貨幣,作為自保措施。

　以下就是學童在歷史讀物中找到的一些敘述:

「1861年12月,一位可憐的士兵遺孀將200美元的硬幣存入儲蓄銀行,隨後帶著四個年幼的孩子移居至加州。1864年7月,當黃金價格漲到每盎司280美元時,她去取回存款。結果,她收到了一張價值83美元的黃金匯票,其中還包括百分之六的累計利息。」
——亨利・布朗森(Henry Bronson),《貨幣的本質與功能》(*Nature and Office of Money*)。

「人民的道德被無法兌換的大陸幣(譯注:為了應付獨立戰爭開銷所印製的貨幣,但因缺乏黃金、白銀等貴金屬

第 4 章　他們如何發明貨幣

的支撐和過度發行,導致大陸幣價值嚴重地貶值)腐蝕到難以置信的程度。所有維繫著榮譽、血緣、感恩、人道和正義的連結都被瓦解了。更有人拿著貶值到七十分之一的大陸幣來償還舊債。兄弟欺騙兄弟,子女欺騙父母,父母欺騙子女。遺孀、孤兒以及其他人以貴金屬貨幣借出的錢,最終卻只能收回毫無價值的紙幣。」

——約瑟夫・布雷克(Joseph Breck),《大陸貨幣概述》(*Sketch of Continental Money*)。

「當交付券(譯注:法國大革命期間,政府發行的貨幣)貶至一文不值,導致國家走向毀滅,所有公民無不陷入破產的絕境(除了少數幸運的投機者外)。當成千上萬的可憐人,在交付券徹底崩潰之前,就已經因為飢餓而紛紛自殺之時,戰爭反倒成了一種解脫。而拿破崙正是讓整個歐洲直接或間接深切感受到貨幣貶值惡果的主要操控人。」

——《法國交付券及其影響筆記》(*Notes on the French Assignats, and their Influence*)。

「他得花400美元買一頂帽子或一雙靴子。他想買一匹好馬,但對方開出的價格,相當於他十年的薪水。」「我六個月的工資,只能勉強支付一天中最基本的開銷。……當天晚上,我、我的三位同伴與他們的僕人,只是睡了一晚、吃了頓晚餐,喝了點酒,第二天早上連早餐都沒吃,臨走時竟被收了八百五十美元。」

——《德卡爾布將軍傳》(*Life of General De Kalb*)

「自1835年至1841年期間,德克薩斯共和國(譯注:現今的德州原為墨西哥一個自治區,1835年獨立,至1845年自願加入美國,成為第28州)發行了各種紙鈔、票券、匯票或債券作為流通的貨幣使用,總金額高達13,318,145美元,這相當於每人可分到260美元。如果印

第4章　他們如何發明貨幣

鈔票能使人致富,那麼德克薩斯共和國的公民應該是全宇宙最富有的人。然而,1839年1月,德克薩斯政府發行的國庫票據只能兌換40美分,到了1839年春天,跌至兌換37.5美分;1841年,價值更下跌至12至15美分。到了1842年,用當時的說法,『需要價值15美元的國庫票據才能買到三杯不加糖且摻水的白蘭地』、『此時的德克薩斯共和國幾乎沒有任何流通的貨幣,不過這也不算大災難,因為百姓早已沒有財產了。』該制度所造成的弊端極大,即使政府有意彌補也無能為力。」

——威廉・固格(William M. Gouge),《德克薩斯的財政史》(*The Fiscal History of Texas*)

再次說明,人類創造並使用貨幣的主要原因,就是將它當成一種衡量標準,用來估算其他事物的相對價值。很難想像,既然要達成上述目的,竟然選擇一種本身毫無價值,或不需任何勞力生產的物品作為衡量標準,這就像是用沒有長度的物品作為測

量長度的標準，或者用沒有重量的東西來稱重，十分荒謬。如果島上居民沒有意識到這點，我只能說他們真的異常愚蠢。換句話說，真正的貨幣必須有其內在的實質價值，才能稱得上是可靠的貨幣。

第4章注釋

1. 一個社會若嘗試完全依靠純粹且直接的以物易物來進行交換，其所經歷的種種不便，絕非虛構；這些情況在今日某些地理面積廣大、人口眾多的國家中，依然存在，這一點可由德國探險家海因里斯・巴爾特（Heinrich Barth）、英國探險家理查・法蘭西斯・波頓（Richard Francis Burton）及其他近代曾前往東非旅行者的見聞作為證明。舉例來說，巴爾特在《旅行記》（*Travels*）第一卷568頁及第三卷203頁指出，他多次因為沒有當地人想要交換的物品，而無法購買自己需要的東西，如穀物、米等。此外，他也在第二卷51頁說道，在他造訪的某些非

第 4 章　他們如何發明貨幣

洲城鎮中,因當地缺乏普遍的交換媒介,要獲取所需物資非常困難,以至於他的僕人常在購物歸來時已經筋疲力盡了。

2.「貴金屬的確具備許多適合鑄幣的特質,但也有其缺點,首先是太重,其次是本身作為貨幣過於值錢。」——《社會科學與國民經濟》(*Social Science and National Economy*),美國經濟學家羅伯特・艾利斯・湯普森(Robert Ellis Thompson)費城,1875年。

「一旦人們意識到貨幣不過是一種符號,就會很清楚地看到,任何當下被廣泛接受、可用來交換勞動產品與有用服務的符號,都能完全履行貨幣的功能,而無需在意它的材質;而且,貨幣材質越便宜,對使用它的社會就越有利。」——《金錢,貨幣與銀行》(*Money, Currency, and Banking*),查爾斯・莫蘭(Charles Moran,),紐約,1875年,第42頁。

Robinson Crusoe's Money

第 5 章
島民及其他人如何獲得智慧

HOW THE PEOPLE
ON THE ISLAND
AND ELSEWHERE
LEARNED WISDOM

繁榮假象

雖然普遍具有購買力或價值的商品都可以作為貨幣，但島上居民及其他民族在使用後必然很快就會發現，某些商品其實更適合作為貨幣。也就是說，某些商品雖然勉強可以當作貨幣，但使用起來會帶來很多不便與問題。人類在這方面所累積的經驗，其過程與細節，是世界歷史上最有趣的篇章之一。而島民的經驗大致如下：

起初，他們使用貝殼，一種在沙灘上撿到、可作為女性飾品的漂亮貝殼。然而，這些貝殼數量並不多；他們發現，一個人收集一百個貝殼所需的時間和勞動力與種植一蒲式耳（譯注：用來度量農產品、乾貨重量的標準）小麥差不多。因此，通常一百個貝殼（作為貨幣）可換到一蒲式耳的小麥，而擁有兩千個貝殼的農夫可以輕易買到一把犁，這被認為等於二十蒲式耳小麥的價值。

後來，一些習慣於航海的懶散傢伙展開一次長途航行，造訪了遠方的一個小島。當他們登陸時驚訝地發現，沙灘上的貝殼十

第 5 章 島民及其他人如何獲得智慧

分豐富。這些人互相使了個眼色,沒有說什麼;但每個人都默默地盡可能地收集貝殼,然後返回主島,並對這個發現守口如瓶。

接下來,在這個小島上展開了一場始料未及的商業復甦活動。貨幣變得十分充足,社會上的資金流動也前所未有的活躍。幾乎所有商品都能很快的售出,隨著市場上需求增加,物價也跟著快速攀升。此外,居民還觀察到一群整日無所事事的人,每天只靠賭博過日子,一到下午還能乘船出遊,這些人手上特別有錢。他們自稱是熱心振興經濟的公民,十分願意將這些貨幣用於購買各種商品。

商店老闆、農夫、工匠等人也發現自己比平時多了不少錢,於是也紛紛開始消費,進一步推升了商品價格。原本一百個貝殼就能買到一蒲式耳的麥子,現在上漲了一百五十,甚至兩百個貝殼。但同時,農夫也發現,原本只要兩千個貝殼就能買到的犁,現在卻要花上四千個貝殼。換句話說,貝殼的購買力只剩下原來的一半。

一開始,大家都沉浸在歡欣鼓舞的氣氛中。畢竟,用貝殼貨

泡沫破裂，所有的股份公司全都倒閉了

第 5 章 島民及其他人如何獲得智慧

幣來衡量,每個人的財產價值都大幅上升,對大家來說,都是一件值得慶祝的事。於是,那些促成這段繁榮「黃金時代」的海上冒險家立刻成為人人敬仰的對象。他們被邀請到島上各地的「貝殼俱樂部」演講,甚至有人提議讓他們擔任政府要職,取代魯賓遜與僕人星期五擔任的領導職位。

隨著時間過去,用貝殼計算的商品價格不斷攀升,換句話說,貝殼的購買力不斷下降。這終於引起了居民的警覺,也開始引發不安。一蒲式耳的小麥,從最初的一百個貝殼漲到兩百,接著三百、四百,甚至飆到五百個貝殼。而物價不停上漲,市場對貝殼的需求也跟著越高。這時,那些製造貨幣膨脹的海上冒險家再度出場,把更多貝殼源源不絕的投入市場,讓需求始終得到「及時滿足」。

此外,隨著不信任感升高,市場活動反而變得更加熱絡。人人都想趁還能負擔之際,把手上的貝殼換成實際的東西[1]。有負債的人急著還債,而大家也都願意出借貝殼,用來投資各種新創計畫。比方說,有人發起一家公司,資本高達一千萬個貝殼,聲稱

要去打撈當年把魯賓遜帶來島上的那艘沉船。雖然沒人知道船到底在哪裡，也不清楚裡面還剩下什麼，但這項計畫卻被吹捧成能創造大量工作的良機。另一家公司則號稱要在島上建造一整套運河系統，資本更高達五千萬個貝殼，儘管整個島寬度只有大約十英里，而且四周環繞著非常安全的海域，根本不需要運河。

最後，整件事情的真相終於曝光。除了最早那三名投機海上冒險家之外，其他人也發現了貝殼的來源，紛紛前往那座遙遠的小島，大量收集貝殼，並投入市場流通。然而，錢越多，市場對貨幣的需求就越大，最後竟然需要由四匹馬拉動的馬車裝滿貝殼，才能換到一蒲式耳的小麥。接著，泡沫徹底破裂。所有先前新創設的股份公司紛紛倒閉，貿易陷入全面停滯。魯賓遜任命的財政官員試圖再發行一些貝殼來「救市」，但毫無效果。有些自認為見多識廣的人認為，只要大家恢復信心，一切就能好轉。但實際情況是，只要那些努力工作、勤儉儲蓄的人感到茫然，無法確定勞動成果能換來什麼，整體社會的信心就永遠無法恢復。

每個人都感到自己變得貧窮，彷彿被詐騙了一般。所有那些

第 5 章 島民及其他人如何獲得智慧

以為自己在儲蓄銀行裡有存款的人,突然驚覺他們的錢不過是一堆毫無價值的舊貝殼。每個人都發現自己的袋子、抽屜和箱子裡都塞滿都裝滿了這些用勞力與時間換來、如今卻一文不值的貝殼。

然而,嚴格來說並不是每個人都遭殃。有一小群人例外,也就是那些最先發現貝殼祕密的人。他們趁著大家還不知情時,將廉價取得的貝殼投入市場,當成貨幣流通。他們早早就把從市場上換來的實質財富,包括房屋、土地、農具、糧食等緊握在手中。他們靠著操弄貨幣發財,等於是從整個社會手中掠奪財富。[2] 不過,出於禮貌,島上居民沒說他們是小偷,而是稱他們為「精明的金融家」、「眼光超前的人」。

這段荒謬的貝殼風波最後的收場是:曾經被視為寶貴貨幣的貝殼,貶值到只能拿來燒成石灰。島民把它們燒成石灰,再拿來粉刷牆壁,好讓生活表面上看起來仍有一絲希望。但大家都達成共識,下次選擇作為貨幣的東西,必須是真正穩定、有持久價值的東西,不能是那種容易因意外因素波動,或被投機者任意操控、牟取暴利的物品。

歷史總是似曾相似

島民在發明並使用貨幣的過程中所經歷的種種,雖然看起來離奇,卻並非個案。歷史記載顯示,人類社會在邁向文明的過程中,幾乎都曾在這方面重蹈覆轍。其中一個特別值得一提的例子,記載在迪得里希・尼克博克(Diedrich Knickerbocker,譯注:美國作家華盛頓・歐文最早使用的筆名之一)所著的《紐約外史》(*History of New York*)中,也可見於紐約歷史協會(New York Historical Society)的手稿資料。這件事發生在1659年荷蘭統治時期的新阿姆斯特丹(即後來的紐約)。當時流通最廣的貨幣,是一種被稱為「印地安貨幣」或「貝殼串」(wampum)的東西。所謂的貝殼串,是由蛤蜊、小海螺及其他貝類加工成串珠製成的。這些原本只是原住民之間交易用的簡易貨幣,而當地原住民也樂意用這些貝殼串,與荷蘭人交換毛皮等商品。

當時,新阿姆斯特丹的總督是威廉・基夫特(William Kieft)。他一心想要提升殖民地的的財富。據歷史學家記載,他

第 5 章　島民及其他人如何獲得智慧

還想與聖經中的所羅門王一較高下，因為所羅門王曾讓耶路撒冷金銀財富多得跟街道上的小石子一樣。為了達成這項目標，基夫特決定效法所羅門王，讓一種可以輕易大量製造的貨幣——貝殼串成為殖民地的正式流通貨幣。

「這種貝殼貨幣，在印第安人之間確實有一定價值，他們常用來裝飾衣物與鞋靴。但對於誠實工作的市民來說，這些貝殼的實質價值可能跟骨頭、破布、廢紙等材料差不多，但顯然基夫特並沒有將這個因素考慮進去。他開始用貝殼貨幣支付員工薪水，也用來償還政府的債務。他還派人前往長島沿岸——這個地方成了他心目中的「現代俄斐之地」（俄斐為聖經中盛產金銀的地方）大量採集貝類。這些貝殼被一車車運回新阿姆斯特丹，製成貝殼貨幣，然後大量投入市場。」

「起初，一切看似進展順利。貨幣變得非常充足，就像現代紙幣盛行的時代一樣，用當時流行的說法就是：『公共繁榮獲得了極大的推動』。」

然而，基夫特總督的貨幣計畫很快就遭遇了挫敗。居住在康

乃狄克河一帶的居民發現，他們只需費點工夫，用牡蠣殼就能輕易、大量地製造出貝殼串，成本極低。於是他們迅速行動，開始大量供應新阿姆斯特丹所需的貝殼貨幣，拿它來購買市面上的各種商品，而且樂意照著荷蘭人自己開的價格付款。

更有趣的是，這種貝殼貨幣還具備一項「優勢」：它完全無法出口。這也意味著，當荷蘭人想從當地居民那裡購買錫鍋、木碗等日用品時，就必須拿出真正有價值的金屬貨幣——如荷蘭盾（guilder）等實體貨幣來支付。因為對當地居民而言，貝殼串根本毫無吸引力，跟壞掉的雞蛋、酸敗的奶油、發霉的豬肉、腐爛的馬鈴薯，或其他那些無法拿出去換東西的荷蘭貨沒什麼兩樣[3]。

這一連串事件的結果是，荷蘭人和印第安人手上擁有了所有的貝殼串，而康乃狄克居民則掌握了整個殖民地的海狸皮、荷蘭鯡魚、荷蘭起司，甚至所有的金銀財寶。接著，如同意料之中，人們對經濟的信心開始動搖，貿易也陷入停滯。引用當時的手稿記載：「公司失去了原有的營收，商人也無法售出商品，以履行他們的契約義務。」自此之後，荷蘭人再也不敢使用像貝殼串這

第 5 章 島民及其他人如何獲得智慧

種那麼容易貶值的東西當作貨幣了。

東田納西州的早期移民也經歷了類似的事件。當時浣熊皮因有多種用途而需求量大，因此被視為有價值的商品，便被選來作為流通貨幣。相比之下，負鼠皮並不受歡迎，價值也低。有些不想支付稅金的居民，便用縫上浣熊尾巴的負鼠皮來繳稅，企圖魚目混珠。這些偽幣一旦流入國庫，便無法再拿出去支付州的開支。最終，當時的政府也終結了「浣熊皮」貨幣。

讓我們回到島上的情況。雖然島民初次挑選貨幣的經驗相當不順利，但他們還是迫切需要「貨幣」這種交易媒介，因此必須另選他物。大家紛紛提出不同的建議。有人提議使用香蕉，因為香蕉很受歡迎，且成熟時的交換價值也相當穩定。然而，香蕉最大的缺點是很快會腐爛，這意味著一個人今天可能擁有大量的香蕉貨幣，明天卻可能一無所有[4]，因此香蕉貨幣的提議很快地被淘汰出局。

小麥、牛隻和蓋有印記的鐵塊也被提出來，但這些商品都有其本質上的缺陷。舉例來說，雖然小麥的需求很穩定，但體積

過於龐大，不方便攜帶，而且每年的價值也很難完全一致。對於牛隻的反對理由是，為了找零而分割一頭牛，實在是很愚蠢的作法，例如這次切掉牛尾巴，下次切掉耳朵，這樣做會破壞整頭牛的整體價值。此外，如果普遍將牛作為償還債務的法償貨幣（legal tender，譯注：對於一切支付具有合法清償效力的貨幣），那麼大家很可能會挑選最瘦弱的牛來支付債務^5。而如果採用鐵片作為貨幣，並按其當時的價值流通，那麼支付二三十美元的債務可能就需要搬運一噸重的鐵，顯然極不方便。

島上婦女開始流行配戴一種特別的藍色玻璃珠。這種珠子非常受歡迎，體積小巧，而且材質非常耐用，因此眾人皆認為它非常適合用來當作貨幣。於是，藍色玻璃珠就被採用了，而且在一段時間內也確實發揮了貨幣的功能。然而，好景不長，婦女突然宣稱繼續佩戴這種珠子已經不時髦了。隨著對玻璃珠的需求銳減，那些先前用其他商品換取並囤積了大量藍色玻璃珠的商人和其他人，立刻發現原本視為貨幣的東西不再具備任何購買力或價值，蒙受了巨大的損失。因此，島上居民最終決定，不再使用藍色玻

第 5 章　島民及其他人如何獲得智慧

璃珠作為貨幣[6]。

島民透過各種經驗，迅速學會了什麼才是好的貨幣，這一點可以從以下事件中看出：

在島上，部分居民信奉異教。為了籌措經費，幫助這些居民接受文明教化並皈依基督教，一些善心人士常藉由民眾集會的機會進行募捐。然而，人們漸漸發現，在這些募款活動中，有些民眾可能無法理解何謂真正的「金錢」，也可能因為生活極度貧困，竟將各種雜物投入募捐帽中。這個現象傳到了經常主持此類聚會的魯賓遜耳中。據聞，他當時以嚴肅而懇切的態度，對在場眾人進行了一番深刻的訓誡與教導。

「在開始為異教徒募捐之前，」他鄭重地說道，「我要特別提醒在座的各位，尤其是樓上的朋友。近來我們發現，有人將非貨幣物品投入捐款帽中，特別是鈕扣。這種行為反映出某些人對金錢認知是多麼匱乏。在我們已經長時間使用貨幣之後，還會發生這種狀況，實在令人難以置信。」

他稍作停頓，語氣轉為懇切：「當然，如果有人真的不瞭解

情況,或因為沒錢不得不以鈕扣代替錢幣捐獻,那麼至少要保持鈕扣的完整,不要壓扁它,至少保持鈕扣原有的功能。雖然異教徒不懂福音教義,也不常用鈕扣,但他們還是能分辨出什麼是真正的貨幣。」

第5章注釋

1. 「在我看來,當前最迫切需要做的就是大量發行法定貨幣,好讓大家對這些鈔票失去信心,讓他們想把這些鈔票拿去換成其他實體財產或生活所需的東西,而不是像現在這樣,只是把鈔票拿去做各種長、短期放貸。我的意思是,我們得讓人們不再緊握這些鈔票,而是拿去換真正的實體資產。」
——美國田納西州孟菲斯,伊諾克·恩斯利(Enoch Ensley),1875年9月。

2. 「在社會經濟一片愁雲慘霧之際,卻有一個行業興起,那就是銀行家。在這些銀行家中,論手段或運氣,沒有人能和查爾

第 5 章　島民及其他人如何獲得智慧

斯・鄧康比（Charles Duncombe）相比。就在幾年前，他還只不過是個家境普通的金匠，或許也曾在皇家交易所的拱廊下，像其他同行一樣招攬生意，對著商人鞠躬哈腰，懇求他們能將現金交予保管。不同的是，他抓住了當時物價混亂，從中獲利的機會。結果，在全國商業跌入谷底之際，他竟然能砸下將近九萬英鎊，買下了位於約克郡北區的赫爾姆斯利莊園。」

──湯瑪士・巴賓頓・麥考利（Thomas Babington Macaulay），《英國史》（History of Engla）。

3.「幸好海外無法將它（綠背紙幣）當成貨幣。但各位想想，自從我們採用這種無法出口的貨幣之後，商業經濟繁榮不是已經維持很長一段時間了嗎？」

──美國眾議院議員威廉・凱利（William D. Kelley）的演講，1870年。

「我希望美元能由這種材料製成，目的是讓它永遠不會出口或帶到國外。在制定一套屬於美國自己的金融體系時，我並不打算讓它去迎合其他國家的需要。」

——班傑明・巴特勒將軍（General B. F. Butler），紐約商會演講，1875年10月14日。

4.「多年以前，巴黎抒情劇院的歌手塞莉小姐（Mademoiselle Zélie）進行了一次環球職業巡迴演出，並在南太平洋上的社會群島（Society Islands）舉行了一場音樂會。而她會拿到票房收入的三分之一作為演唱歌劇《諾瑪》（Norma）的報酬。只不過最後總結時，她拿到的是三頭豬、二十三隻火雞、四十四隻雞、五千顆椰子，還有相當數量的香蕉、檸檬和橙子。這位首席女歌手寫下了一封生動的信件，她提到如果這些動物和水果拿到巴黎的哈雷市場（Halle）去賣，或許可以賣到四千法郎，對五首歌來說算是合理的酬勞。但在社會群島，貨幣流通十分稀少，而她自己也不可能一下子吃掉這些「報酬」，因此，她只好先用水果來餵豬和雞。」

——威廉・史丹利・傑文斯（William Stanley Jevons），《貨幣與交換機制》（Money and Mechanism of Exchange）。

5.「1658年，麻薩諸塞州總法院下令，任何人不得用『瘦弱的牲

畜』來繳納稅款。」

——約瑟夫・巴洛・費爾特（Joseph Barlow Felt）的《馬薩諸塞州貨幣史》（*Massachusetts Currency*）。

6. 伯頓在1858-1859年的著作《中非湖區探險記》（*Explorations of the Lake Regions of Central Africa*）中記述了這起事件，並表示這是他親身經歷。

Robinson Crusoe's Money

第 6 章
他們如何開始使用黃金

GOLD,
AND HOW THEY
CAME TO USE IT

黃金的啟發

最終，時間和環境幫助島民解決了他們的困難。

某天，一位男子在山谷中散步時，撿到了一小塊閃亮的金屬。儘管這塊金屬在沙地中躺了很久，經過水流沖刷、風吹日曬，甚至與岩石摩擦，但它依然保持著驚人的光澤與色澤，而且越擦越亮、越發引人注目。這塊金屬後來被稱為「黃金」，男子將它帶回家給妻子，妻子非常喜愛，便用繩子將它掛在脖子上當作飾品。這樣的飾品立刻引起其他婦女的注意力，大家紛紛到山谷中搜尋，結果又發現了更多的金塊。

進一步觀察後，島民發現這種新金屬除了亮度之外，還有許多其他驚人的特性，例如，可以輕易地熔化與鑄造成型，也能在不加熱的情況下以錘打或壓模塑形，而且一旦定型，就能牢牢保有原來的形狀和印記。此外，它還能被拉成極細的金絲線、敲成極薄的金箔片，甚至能隨意彎曲或扭轉而不會斷裂；只要混入微量雜質，顏色就會立即改變，因此色澤成了判斷其純度的極佳指

第6章 他們如何開始使用黃金

標[1]。此外,火、水、空氣,以及幾乎其他有害的元素,對它都影響甚微;而且無論一塊金子多小,特性也與大塊黃金相同。即使把一大塊黃金分割成許多小塊,這些小塊也能毫無損耗地重新合成為一整塊。

這些獨特的特性使得黃金不只變得實用性極高,也讓人們對它的渴望日益高漲。黃金不再只是在粗糙的狀態下配戴,而是被製作成戒指、手鐲、項鍊、胸針等精緻飾物。人們也發現它在許多機械與化學用途上幾乎是不可或缺的。島民對黃金的佔有慾日益強烈,幾乎成了許多人生活中不可取代的聖物。

如果一個人信仰異教,他會認為,沒有任何方式能比用黃金打造他所想像的神祇,更能表達對神明的尊崇與象徵意義;如果他是基督徒,他則會選擇黃金來製作具有象徵意義的器皿和裝飾,因為在所有物質中,黃金最能代表純潔、美麗、耐久和價值。

當一個國家或民族希望紀念英雄或偉人的事蹟時,往往會以金質勳章刻上他們的肖像;當一句格言被普遍認可為人生最重要的準則,它就被稱為「金言」;當一條律法或訓誨被視為應長存

於人民心中，則會以金字銘刻流傳。而在言語、預言或詩歌中，黃金更是歷來最常用、最動人的比喻來源。

總之，自從黃金首次被人類發現以來，無論在世界何地、任何民族之中，無論是無知或博學、野蠻或文明、貧窮或富有、卑微或尊貴，黃金始終是人們最渴望擁有的物質。為了得到它，人們常常不惜放棄其他一切財富，甚至願意犧牲那些更無形，卻更珍貴的價值，如榮譽、信仰、道德、健康，甚至是生命本身。

黃金成為島民普遍渴望的物品，並且可以與所有其他事物交換，黃金本身因此具備了普遍的購買力，從那一刻起，它變成了「貨幣」。

黃金最初所具備的購買力，並非穩定不變。在黃金數量仍稀缺時，其購買力極高；但隨著從岩石中開採出來、或自沙中淘洗所得的黃金日益增多，人們的需求逐漸被滿足，其購買力或價值便開始下降。倘若供應持續增加，而需求又僅限於島民，那麼黃金的價值最終可能與銅或鐵相差無幾，甚至可能更低。

然而，奇妙的是，黃金的充足供應並未持續太久。人們最初

第 6 章　他們如何開始使用黃金

輕易取得的黃金，其實是長年累月岩石風化與水流沖刷的結果；而當這些容易開採、表層可得的黃金資源迅速枯竭後，供應的條件便發生了根本性的改變。主要原因在於黃金並不如人們所想像的，十分稀缺、罕見，相反的，它的分布非常廣泛，化學家與冶金學家在檢測到的每一處大型黏土與沙層中，幾乎都能發現微量的黃金[2]。

黃金的特質

然而另一方面，實際經驗也證明，要取得大量黃金，不僅乏味且耗費體力，還需要大量投入其他物資。那些放下農耕、製衣、造船、烘焙、築牆等工作，轉而投入淘金的人，很快便發現，這樣一天的勞動成果，所能換得的食物、飲水、衣物等必需品，和從事其他一般工作所能換得的，並沒有太大差別。甚至有不少人親身體認，若想養家糊口，從事任何一項工作都比挖金更實在[3]。

因此沒多久，多數具備其他技能的工人便離開金礦，回到原

來的職業；後來，越來越多的普通勞工也跟著離開。若不是偶爾有人因發現大金塊而一夕致富，讓人們心中仍懷抱希望，這些金礦區恐怕早已被完全遺棄。

隨著淘金人數大量減少，黃金的供應也大幅下降；而因需求仍維持穩定，市場上現有黃金的購買力便逐漸上升。直到某一時刻，人們發現，一天的淘金勞動所得，已能換得比其他工作更多的商品與服務。當這個轉折點出現時，便又吸引更多人回到金礦繼續挖金，直到從事淘金與其他工作之間的收益再次達到均衡。這種職業間的流動與勞動價值的重新平衡年復一年地進行，最後人們終於了解：黃金，比其他任何一種物質，更能長久且穩定地代表某一特定程度的努力與勞動力。

當這個事實變得越來越清晰後，島民也明白，黃金除了早先因為人人渴望而自然具備的交換性與購買力之外，還多出了兩個重要特質，使它超越一切其他物質，成為理想的貨幣：其一，黃金成為衡量價值的標準，如同一把量尺，可以衡量所有其他物品的相對價值；其二，黃金本身的價值具有高度穩定與持久性，即

第 6 章　他們如何開始使用黃金

使在其他物品價值波動或崩潰時,它的價值仍能保有一致性。對於持有黃金的人而言,要想獲得最大的保障,那就是「長久地持有黃金」。

沒有任何人像島上貧窮的老先生老太太一樣,將黃金能長久保存的特質視為是一種恩惠。一般來說,他們賺的錢僅能維持生計,因此他們總是擔心存下來的那一點錢會因為保存不當而貶值,甚至毫無價值,特別是當他們需要支付醫藥費用或確保自己能夠獲得一個體面葬禮的時候。

他們辛勞工作所賺來的貨幣,最初是貝殼錢,卻因為保存不當,結果變成了毫無價值的空殼;珠子錢則是因為過時而失去價值;以牛隻作為交易貨幣的話,每天還需要餵養以防止貶值,並且還需要圈養以防走失;麥子錢常常因為潮濕或害蟲而受損;而二十磅的鐵錠對於他們年老的身體來說,每次去商店買一點布或煙草時,都顯得太重。

但終於出現一種東西,完全滿足他們的需求,並且不論是埋在潮濕、發霉的地下,還是放在高溫的壁爐裡;不論是與異教

徒為鄰，還是與基督徒為伴，這種東西的購買力穩定，一年四季都能買到差不多數量的商品。而且，以它來支付醫生、律師、商人、藥劑師、殯葬業者、石匠或裁縫的費用時，不管是給美國人、愛爾蘭人、荷蘭人、土耳其人或印度人，甚至是給俄亥俄州州長或印第安納州的參議員，都不需要翻遍各種書籍，或查找最新國會決議或政治決定，就能知道它的價值；當然，對方也不用擔心一旦接收這種貨幣安不安全或有沒有保存問題。

島上有一位非常聰明的人，反對使用黃金作為貨幣，因為他擔心那些貧窮的老婦人為了確保手中的物品能具有穩定價值，會把黃金塞進舊襪子裡藏起來[4]。很快的，其他人反駁這項說法，對方問他，如果這些老婦人只想保有保值的東西，以防不時之需，讓自己晚上能睡得更安穩，為什麼不讓她們這麼做呢？其他人合理懷疑，這名聰明人可能想要欺騙並剝削老婦人，強迫她們將辛苦賺來的積蓄存放在一個價值不穩定、甚至可能毫無價值的東西裡，未來根本無法支付醫藥費或殯葬費。他們想不到還有什麼理由反對老婦人積攢黃金？

第 6 章 他們如何開始使用黃金

當島民第一次使用黃金作為貨幣時，他們最原始的形態攜帶黃金，如將金粉或金片裝在羽毛管裡，金塊則放在袋子裡；或者把黃金熔鑄成金塊或金條[5]。由於黃金的購買力與重量和純度成正比，每個人都會隨身攜帶小天秤和測試工具，並在交易前檢驗黃金（這與中國的做法類似）。然而，這種方法非常不方便。儘管大眾普遍接受誠實之人驗證黃金純度與價值的結果，但他們也認為，雜貨商用天秤和酸液來測試顧客的錢，和顧客用味覺來測試雜貨商的鹽和糖並沒有兩樣，顯得很不公平與不禮貌。

因此，可以想見，完成一項普通交易十分耗時，人們對此不滿並寫信給報社。顧客對於那些小心且挑剔的商人感到厭煩，不信任他們，且認為他們非常苛刻；而那些一心只想成交的小店家，則宣傳只要顧客提出保證就接受黃金。然而，後者因為常常被騙，賺不到錢，最終還是都破產了。不過，在一連串的幸運事件後，這些困難最終獲得緩解。

魯賓遜發現的「錢」

在這之前,年邁的魯賓遜已經與世長辭,而隨他一起從異國漂流到荒島的老金與其他水手也相繼離世,如今,島上再也沒有人知道或見過當初魯賓遜找到的「錢幣」。某日,工人在進行公共建設時,意外挖掘了當年魯賓遜最開始待過的洞穴。在汙穢的地面下,工人赫然發現發現三個塵封已久的麻袋。裡面裝著魯賓遜從沈船的箱子中找到的錢幣。只是當時的魯賓遜將這些派不上用場的錢又埋起來,並徹底遺忘了。

眾人一眼便認出這些是黃金製的錢幣,紛紛拿出自己的物品和發現者交換,就像以往交換一般黃金一樣。但令人費解的是,這些黃金為何被鑄造成扁平的圓形,上面還刻著奇特的圖案和文字?這個問題引發全島居民的熱議,為此,古物和哲學學會還特別開會討論。

會議上眾說紛紜。有些人只看金幣的一面,認為那是為了某位偉人或一位名為「自由」的女性所製作的紀念章;另一些人

第6章 他們如何開始使用黃金

看到金幣的另一面,認為那是在紀念獅子與獨角獸之間的某場大戰,或者是為了讓人們認識一種奇怪的動物,而這種生物既不是飛禽走獸,也非海底生物,或許正是如此,被當成偶像崇拜刻印在金幣上,才不至於是一種罪過。

最後,當這些扁平的圓片(也就是金幣)在島上流通了一段時間之後,人們經過多次秤重與檢驗發現,每一枚圓片都代表著相同重量且純度一致的黃金。這時,眾人才恍然大悟:原來金幣上看似華麗的圖案與文字,其實只是一種官方證明,確認金幣的重量與價值一致。每個人都為自己的遲鈍而感到驚訝,如此簡單的道理竟沒想到,還傻傻地在每次交易時都要親自秤重、切割、測試金子。

於是,人們很快就建立了一個公共機構,後來就稱作「鑄幣廠」(mint),任何人都可以請該機構協助處理自己的黃金,換回特定重量與純度的金屬片,而每一片的重量與純度都經過驗證,並以清楚的標記鑄刻在金屬上。就這樣,島上首次開始使用「鑄造貨幣」。

當初對魯賓遜毫無用處，也無法交換其他物品的那筆金錢，如今逐漸具備了貨幣應有的各種屬性，包括實用性、價值，以及作為衡量的標準或單位。

當構成物品的材料能夠滿足人類的某種慾望時，無論是作為裝飾、宗教崇拜的象徵，還是用於機械或化學用途，它便具備了「實用性」。當物品能夠被用來交換，或者具有了購買其他物品的能力時，它就擁有了「價值」，而這完全是勞動所創造的。進一步地，如果某種物品的購買力，由於種種因素，被認為即使不是永久不變，但至少也比其他任何商品都更穩定時，它就成為了「衡量價值的標準或單位」。

金幣的形式是人為制定、法律規定的產物，目的是讓金屬貨幣變得更可靠、更方便使用，但是貨幣本身的誕生卻與法律無關。它是人類本能與經驗的自然結果。人們選擇黃金作為貨幣的原因，和他們選擇絲綢、羊毛、亞麻和棉花來做衣服，選擇石頭、磚頭和木材來蓋房子一樣，因為黃金是最適合滿足這項需求的材料。

第6章　他們如何開始使用黃金

鑄造貨幣後的改變

當人們開始鑄造貨幣後，整個社會的商業活動立刻變得更加活躍，人們也變得更富有了。因為在交易時，有了統一規格的金幣，不僅省下了大量的時間和勞力，也讓每個人省去準備天平和各種檢驗工具，不用再耗時又費力地秤重、測試金子的純度。

不過，這樣的改變卻讓製作天平和量測工具的商人大為不滿，他們的生意幾乎付諸流水，於是他們向政府請願，希望立法規定：所有人在使用金幣交易時必須像以前一樣，先用天平秤過，這樣他們的工具才買得出去，但這項提議很快就被大家否決了。所有人都認為，這根本就是走回頭路，畫蛇添足，最後，這場請願也就不了了之。

為了在日常言談與書寫中更加方便，每一枚由鑄幣廠正式發行、具有固定重量與純度的金幣，都被賦予了一個專有名稱，並刻上了專屬的圖案。例如，最小面額的金幣，含有25.8格令（grains，譯注：英制重量單位，原指一粒大麥的重量，1格令約

為64毫克）的標準黃金，上面印有魯賓遜最忠實僕人「星期五」（Friday）的肖像，因此這枚金幣被稱為「星期五」；而另一種約為星期五金幣十倍重量與價值的則稱為「克魯索」（Crusoe）金幣，上面印著這個島嶼發現者的半身像。而重量再加倍，約是最小面額二十倍價值的金幣上印製了更大的全身肖像，這種金幣稱為「魯賓遜・克魯索」（Robinson Crusoe）或「雙克魯索」（Double Crusoe）。

後來，當這座島嶼逐漸為外界所知，人們發現這些金幣的重量、純度與價值竟然與美國的金幣完全一致，亦即大家熟知的「1美元金元」（Gold Dollar）、「鷹幣」（Eagle）以及「雙鷹幣」（Double Eagle）。為了促進文明發展、拉近各國之間的距離，並推動一種共通的貨幣標準，人們最終決定放棄具有地方色彩的原名，改用美國的命名方式來稱呼這些金幣。

第6章　他們如何開始使用黃金

第6章注釋

1. 在某家鑄幣廠的展品中，以最直觀的方式陳列著一個極具觀賞性的展品——五十條極薄的金箔帶。每條帶子寬半英寸、長三英寸，間隔極小的平行排列。第一條金箔帶採用純度最高的標準黃金製成；第二條為加入百分之一較低階的金屬；第三條加入百分之二，第四條百分之三，以此類推，直到最後一條金箔帶的黃金與其他合金含量各佔一半。第一條金箔的色彩是最純正、標準的「黃金色」。第二條的色彩則出現細微差異，而隨著合金比例逐漸遞增，金箔帶的色澤變化越明顯。即使是對金屬一竅不通的人，只要有這組標準色帶作為參考，也能憑肉眼對自己手上的金飾或物品做出準確的純度判斷，無需專業工具或檢驗。

2. 1862年，當時在費城鑄幣廠擔任首席鑑定師的雅各‧艾克菲爾特（Jacob R. Eckfeldt），向美國哲學學會（American Philo-

sophical Society）報告了一些非常有趣的檢驗結果，這些結果揭示了黃金分布的廣泛性。他指出，費城地表下覆蓋著一片面積約十平方英里、平均深度約十五英尺的黏土層。他從一些具有代表性的地點，例如市場街十一號附近市場的地下室，以及城郊的一家磚廠，採集了這種天然形成的黏土樣本。經過仔細分析，這些樣本都含有少量的黃金，平均含量約為每立方英尺黏土中含有七格令（價值約三分）的黃金。根據艾克菲爾特的推算，如果這些數據準確無誤，那麼埋藏在費城街道和房屋之下的黃金總價值將高達一億二千八百萬美元。更令人驚訝的是，如果將整個費城市界範圍內的黏土都計算在內，那麼其中蘊藏的黃金總量竟然相當於從加利福尼亞和澳大利亞至今開採出的所有黃金總和。

3. 在靠近斯特拉斯堡的萊茵河畔，一個健壯的勞工平均每天從河沙中淘金，可以賺取1法郎75生丁（centimes，譯注：法郎的小數單位，如同美元的「分」）。然而，由於在大多數時候，他在河岸旁的農田工作一天能賺10蘇（sous，在法郎制度建立之

第6章　他們如何開始使用黃金

前的單位,後來成為口語用法,10蘇約為0.5法郎),而且還不用擔心染上風濕病,所以在萊茵河淘金並不經常被當作一份常規的工作,只是偶爾為之。

4.「當替代方案真正實施時(以銀幣取代紙幣),且不讓它貶值,先生,到時候會有什麼後果?全國的老太太會將銀幣塞進襪子裡,每家每戶都會囤積,流通的銀幣將大幅減少,數以百萬計的銀幣將從市場上消失。」將軍停頓了一下,凝視著雨中的村莊。我們的馬車正緩緩駛過,他狠狠咬住雪茄,陷入長久的沉默。——報社記者與巴特勒將軍(General Butler,譯注:全名為班傑明・法蘭克林・巴特勒〔Benjamin Franklin Butler〕美國南北戰爭中,代表北方政府的將軍)的訪談,1875年9月。

5. 直到最近,加利福尼亞、墨西哥和非洲西海岸一帶,還是持續使用未經鑄造的原始黃金作為貨幣。

Robinson Crusoe's Money

第 7 章
島民的道德抉擇

HOW THE
ISLANDERS
DETERMINED TO BE
AN HONEST AND
FREE PEOPLE

接著，眾人開始討論關於交易和貨幣使用的相關法律。有些人主張應該立法規定：任何人只要收到國家指定的貨幣，無論那貨幣實際價值如何，都必須出售或交換自己擁有的東西；另外，如果有人曾向他人購買商品或服務，並約定日後付款，那麼只要他在到期時交付國家認定的貨幣，就算還清債務，即使這段時間內，鑄幣廠有人將硬幣裡一半黃金換成沒有價值的鉛也是如此。

但值得讚揚的是，島上的居民並不支持這些提議。他們說：「我們要做一個誠實自由的民族。因此，在買賣交易中，每個人都應該履行自己所承諾的事，除非因為無法預料或不可抗力的情況，導致無法完成協議或契約。」

他們進一步指出，如果有人收下別人的商品或服務，並答應在五分鐘或五年後，用事先約定好的品質與數量的黃金、小麥、鱈魚或高麗菜作為交換，那麼他就必須信守承諾。如果他之後想用生鐵來代替黃金、用豌豆或豆類代替小麥、用軟殼蟹代替鱈魚、或是用南瓜代替高麗菜，這樣的行為就是不誠實的。而任何一個縱容這類行為、允許人們逃避合約責任的社會，都沒有資格

第 7 章　島民的道德抉擇

適者生存

自稱為誠實、或具有基督教精神的社會。同樣地，如果一個社會制定的法律，強迫人們接受他們從未同意、也不願意接受的東西作為報酬或交換品，那麼也無法自稱為自由的社會。

因此，島民決定，當局對交易的干預應只限於一件事，那就是交易媒介，如星期五金幣或一美元金幣，在任何情況下都必須固定含有25.8格令的標準黃金，且此標準永遠不得更動。雖然法律不強制所有人都必須使用這種貨幣，但只要有人談到或承諾要支付「金錢」，而沒有明確說明是哪一種貨幣（如貝殼、串珠、牛隻、黃金等），那麼就應視為是島上官方發行的這種金幣。

簡而言之，這群島民非常務實地認為，只要大家普遍使用一種真正、有價值且可信的貨幣，而且它的價值或購買力能夠清楚地顯示於外觀、讓所有人一看就懂，那麼就沒有必要在法律中訂定與貨幣相關的條款。他們將這個難題留給一群自詡聰明的人，因為若沒有強權機構強制保障流通性，這群人想推行的貨幣制度在市場上根本寸步難行。

在那之後，島上的貿易和商業進行得非常順利。當然，還是

第 7 章　島民的道德抉擇

有一些壞人從一開始就不打算付款,而會利用賒帳的方式取得商品和服務;也有些人粗心大意、揮霍無度,購買了超出能力的東西;更有一些愚蠢又過於樂觀的人,辛苦工作、節省開支好不容易累積了一筆財富,卻把它投入根本不可能成功的投資計畫,結果血本無歸。當人們因為這些原因失去了自己辛苦得來的成果,自然會感到灰心失望,對社會失去信心,甚至開始想要換掉所有官員,認為只要讓新的人上台,一切就會改善。

然而,島民始終秉持著一個根深蒂固的信念:唯有通過辛勤工作與節儉持家,重新積累實用商品來換取貨幣,才是彌補金錢損失的正當途徑。在這個社群中,凡是持有他人所需貨物並能提供公平交易的人,從不曾遭遇資金短缺或銷路不暢的困境;反之,那些試圖兜售沒用或超出預算商品的人,也永遠無法真正賺到錢或找到市場。

Robinson Crusoe's Money

第 8 章
島民如何以貨幣取代錢

How the People on the Island Came to Use Currency in the Place of Money

黃金憑證的發展

隨著時間的推移,島上的商業活動方式逐漸發生變化。這個原本與世隔絕、鮮為人知的社群,開始被外界認識為一個文明、有組織的國家。島上的產品也開始與其他國家的商品進行交換,帶來了活絡的貿易與商業活動。

島的兩端各建有一座港口,因此人口自然集中在這些地區,逐漸發展成為兩座相當繁榮的城市。而島嶼中央則是高聳的山脈,覆蓋著茂密的森林。旅人若想往返兩城,必須穿越這片區域,但卻常遭遇搶劫,身上財物往往會被洗劫一空。

為了避免這種風險,也為了省去攜帶黃金的麻煩,住在島兩端的人們便發展出一種方法:彼此開立付款的書面指令,也就是憑證或票據,雙方互相承諾,收到對方所開出的票據後,會支付給票據上指定的人。這些票據之後可以定期進行對帳與相互抵銷,無須實際搬運黃金。

因此,島民便可透過這種方式,遠距離的進行交易買賣,不

第 8 章　島民如何以貨幣取代錢

但更便宜、方便，也更安全，因為即使票據落入盜賊之手，他們也無法使用。就這樣，島民開始認識，並使用後來被稱為「匯票」的制度。[1]

這種既省力又能避免風險的做法，因為太過實用了，島民很快就產生另一種新想法：既然匯票能免除攜帶黃金的需求，那是否可以進一步發展出，不必隨身攜帶黃金的方式呢？於是，政府設立了一個公共機構，讓人們可以將黃金存入，並由國家負責保管。存款人會收到一張收據或票據，上面註明可隨時兌換等值的黃金。由於大家都知道這些票據隨時可以兌換成黃金，而且票據的發行數量完全對應實際存入並保留的黃金數量，因此這些票據很快就被視為與黃金一樣有效，甚至更方便的，可以用這些票據進行交易。

就這樣，「貨幣」（currency，一詞源自拉丁文curro，意思是「流通」）便在島上誕生，成為黃金的代名詞[2]。這些票據最初被稱為「銀行信用狀」（bank-credits），後來改稱為「銀行券」（bank-notes），再之後，人們習慣性地稱它們為「紙幣」（paper money）。不過,「紙幣」這個說法後來被認為只是一種語言上的誤用,因為每個有基本判斷力的人都知道:一張承諾交付某項物品的紙、一張表明已收到某物的收據、或一份物品的所有權證明,都不可能等同於該物品本身。就像影子不是實體、馬的畫像不是真正的馬、美食的香味也不能等同於真正的一頓飯一樣。

然而,作為一種替代實物商品貨幣的流通工具,堪稱是一項偉大的發明設計。它既避免了實物商品在流通運輸過程中的損耗與浪費,又始終以黃金這種具穩定價值的商品作為兌現擔保。因此,這種貨幣形式雖非實質商品貨幣,卻完美實現了貨幣的所有功能。

此外,這也再次展現出黃金作為貨幣,或作為一種可儲存的價值標的(銀行可以根據它發行存單或存款憑證以作為流通貨幣),所具備的優越性。試想,若改以其他有價值的商品,如牛隻、玉米、布料或煤炭作為存放標的,那銀行就必須建造大規模的欄舍、棚屋與倉庫來儲存這些物品。而即使再怎麼小心看管,這些商品的價值或購買力仍會因為自然且不可避免的原因,隨著

第 8 章　島民如何以貨幣取代錢

影子不是實體

時間而迅速下降。

　　此外,絕大多數商品,即使品質完好,其價值也會因為地域差異而大相逕庭,因此,若各地銀行針對同一種商品,如一噸煤或一頭牛所開具的存單,其價值必然無法統一。試想,在煤礦產地或草原牧場上,一噸煤或一頭牛的實際價值與購買力,與鄰近地區,甚至百里之外的價值相比,絕對是天差地別。但黃金則截然不同。黃金不需要巨大的空間才能儲存鉅額的價值商品,且在世界各地的價值一致,具有長期的穩定性[3]。

第8章注釋

1. 歷史上,匯票(bills of exchange)很可能起源於中世紀的猶太人。由於他們經常遭受迫害,採用了一種相互之間承認的票據或書面支付系統,彼此約定尊重並支付票據上所指名的收款人。
2. 我們所知的第一家銀行就是以這種方式在1171年誕生的,即「威尼斯共和國銀行」。當年威尼斯正處於戰爭之中,急需資

金。「十人委員會」(或可稱之為政府)呼籲商人將他們的黃金或硬幣存入國庫,作為回報,政府會在國家帳簿上給予相應的信用額度;這些信用額度按年利率4%支付利息(且始終準時支付)。

這家銀行設立不久後,其中一位存戶去世了,因需要將他的遺產分給五個孩子,他在銀行的信用額度被分成五份,並轉讓給五位新的所有人。就這樣,一種銀行信用額度可轉讓的制度被引入,並因其便利性而迅速受到商人的普遍採用,成為大型商業交易中清償餘額的常用手段。阿姆斯特丹銀行與漢堡銀行後來也大致依照相同的原則成立,至今仍在成功經營。威尼斯銀行營運了五百年之久,在這段期間內,國家繁榮,商業界幾乎沒有破產的情況發生。

3. 如果有人認為進行這樣的解釋顯得幼稚或多餘,那麼不妨提醒他們:在美國,曾出現一些新型貨幣制度的提案,其中一項由來自俄亥俄州的喬賽亞・華倫(Josiah Warren)提出,並且獲得了一些擁護者。華倫主張貨幣「應該由那些從事有用勞動的

男人、女人和孩子發行」，舉例來說，就是那些種植玉米、開採煤礦、捕撈鱈魚、撿栗子的人，而不應由其他人發行。這些勞動成果將被儲存在安全的容器中，並開立相對應的存單，稱為「公平貨幣」（equitable money）。華倫的另一個理論是：「最令人厭惡的勞動」（而非最有用的）「應獲得最高的報酬」，換言之，那些從事令人厭惡勞動的人有權發行最多的貨幣。作者眼前就有一張這種「公平貨幣」的樣本，其內容如下：

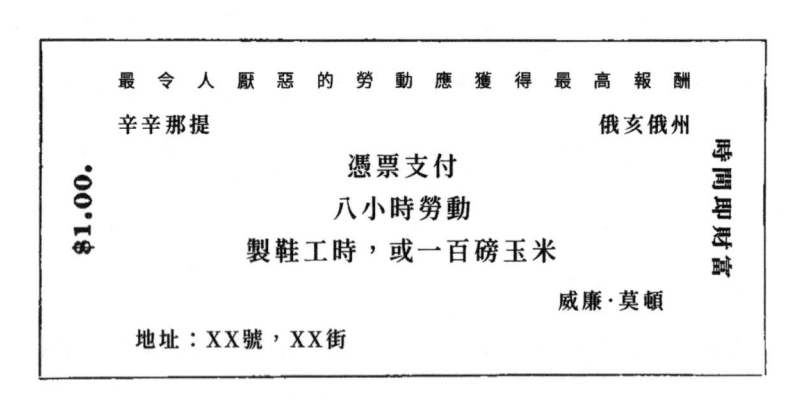

```
最令人厭惡的勞動應獲得最高報酬
辛辛那提                                俄亥俄州
                                                      時
            憑票支付                              間
$1.00       八小時勞動                           即
        製鞋工時，或一百磅玉米                   財
                                                      富
                                威廉‧莫頓
地址：XX號，XX街
```

當然，要讓這筆錢變得公平，並且像他們所說的那樣，解決「勞動和資本之間的問題」，就必須假設製鞋的八小時工作和一

第 8 章　島民如何以貨幣取代錢

百磅玉米之間有某種公平關係。然而在伊利諾伊州,生產一百磅玉米所需的勞動,比新英格蘭少了四分之一;那麼,一位熟練工匠的八小時工作,怎麼能和一位普通鞋匠的工作相比呢?又或者,一個做著辛苦、低階工作的勞工,和發明或製造出能取代這些勞動的機器的天才,兩者要怎麼比較呢?

波士頓的林頓(E. D. Linton),是華倫最傑出的門徒之一,他改進了華倫的思想,並提議美國政府應該準備並發行一種貨幣,其內容應如下所示:

美國將按需要支付1美元給持票人,支付方式為伊利諾州的秋季小麥,以蒲式耳為單位,地點為美國第1號倉庫,伊利諾州芝加哥市,河街12號。

這張票據可以用來支付所有積欠美國的債務

以此類推,這項原則同樣適用於豬肉、煤炭、鞋子等商品,以及醫生、律師和廚師等專業服務。倘若這張票據的條款確切屬

實,且承諾能夠隨時兌現,那麼美國政府就必須在芝加哥興建小麥倉庫,在伊利諾州的皮奧里亞(Peoria)設置豬隻養殖場,在賓州的波茨維爾(Pottsville)開設煤礦或煤炭儲備場,同時還要隨時備妥訓練有素的專業人員,以便提供法律辯護、宗教佈道、醫療診治和餐飲烹飪等各項服務。按照這樣的制度,所有專業人士都必須接受以豬作為報酬。然而,由於豬的價值會因地而異。同樣的價錢,在皮奧里亞可能值一頭整豬,在其他地區可能只值半頭豬,甚至在某些地方僅相當於一個豬鼻子的價值。這就意味著美國政府所支付的一美元等值的豬肉報酬,在不同地區會呈現出完全不同的實際價值。

第 9 章
與食人族之戰

WAR WITH THE
CANNIBALS, AND
WHAT CAME OF IT

但一件比製造和發行貨幣更嚴重的事情很快地發生了，引起島民的關注。大家還記得，食人族將星期五帶到島上，準備烹煮來吃，還好魯賓遜的英勇行動將他救了出來，同時也解救了星期五的父親與其他同伴。儘管當時擊退了食人族，卻未消滅他們想吃人的慾望，也沒忘記那頓從嘴邊溜走的美食。隨著食人族國內的肉類來源越來越匱乏，便計畫對荒島發動大規模的侵略，目的是抓住星期五，並煮來吃；若找不到星期五，那麼任何人都可以當他的替代品。島上的居民陷入了一場可怕的戰爭。在此戰役中，他們不僅要保衛自己的家園，更得為生存而戰。

島上的政府雖行事果決、戰鬥力十足，但為了維持戰爭必須耗費大量商品。然而在當時，就像其他地方的政府一樣，這個政府從來沒有、也不可能擁有自己的物資或購買物資的錢。它所能動用的，全是來自人民的貸款或稅收，因此只能號召全體島民伸出援手，共同支援戰事。

不過，也有人擔心，如果一開始就提出「徵稅」，可能會澆熄原本高漲的愛國情操。於是，領導者決定在初期儘量避免提及

第 9 章 與食人族之戰

稅收,改以「戰時借款」為主,並向大家保證戰後一定會償還。

人民的回應則是非常正面積極。每個人都盡己所能的提供各種物品:士兵、勞工、工匠提供服務,其他人則貢獻製造獨木舟用的木材、帳篷用的布、製作槍矛的鐵材,以及玉米、麵粉、乾草、藥品和金錢等。簡言之,這些眾人所捐出的東西都是他們平日辛勤勞動與節儉積蓄的成果。

作為回報,政府發給他們一張書面承諾,保證將來會償還所借的物資,或折算成等值的金錢歸還。這些承諾有兩種形式:一種是明確約定還款時間,並會支付利息的,稱為「債券」;另一種雖然也有明確金額,但沒有指定還款的時間,且不計利息。這第二種紙張因為是印在藍色紙上,人們便俗稱它為「藍背紙幣」(bluebacks)。

拿到債券的人,通常會小心保管,期待將來能領到利息;而拿到藍背紙幣的人,起初則有些不知所措。這種紙幣和人們以前見過的東西不太一樣,但又與大家早已習慣用來交易,存進國庫的「黃金存單」非常類似。由於兩者都是政府承諾兌付的憑證,

民眾便認為藍背紙幣也應該可以像金庫存單一樣，被當作貨幣來使用。

然而，其中還是存在著差異。過去發行的貨幣是以黃金作為擔保憑證，這些實體黃金儲存在國庫中，象徵著勞動者所創造的各類有價商品的實質累積；而現在是島上政府為了和食人族戰鬥，和民眾換取物資所發行的支付憑證，實際上代表的是資源的消耗與毀滅，而非財富的累積。

不過，島民並沒有察覺到這點。他們繼續接受並將這些代表損失和破壞的支付承諾，當成是真正的貨幣，以及個人的財富。隨著這種以破壞換取的貨幣不斷增加，大家最後都相信：破壞得越多越快，大家就會越富有。他們異想天開地認為，自己巧妙地解開了困擾人類已久的難題：他們能做到「既要馬兒跑，又可以要馬兒不吃草」。

我們可從當時島上最暢銷的書名，看到這種想法在民眾心中根深蒂固的現象，如《國債是國家的福氣》、《不用即時還款，是致富的必經之路》、《靠自己努力，是提升地位的最佳方法》等。

第 9 章　與食人族之戰

　　毫無疑問的，島民會產生這種錯覺的關鍵在於，儘管政府的支付承諾已不再代表任何實質的財富積累或具體的等價物，卻還是具有購買力，仍能有效促進商品流通。這些承諾就像船或火車一樣，是幫助大家省力、把生產者和消費者連接起來的工具。

　　然而，當這種新貨幣成為一種代表債務的憑證，而不再是償還債務的工具時，它立刻失去了「好貨幣」最重要的特性：不再是普遍的等價物，也不再具有交換價值，因此無法成為衡量其他物品價值的標準。這就像一艘沒有舵的船，或一輛沒有軌道的火車。船沒有舵，或火車沒有軌道，雖然不影響它們運載貨物或牽引的能力，但若想用它們來完成工作，會變得危險且不穩定，交易雙方還得為這種不可靠的交換工具付出高額的風險成本。

　　島上的藍背紙幣就是如此：當它不再能隨時兌換任何商品時，它便無法被視為「具有價值」或「可靠」的衡量標準了。

無法預測的購買力

　　如果有一天從戰場上的消息指出，食人族已被擊退，同樣

數量的藍背紙幣就能買到一蒲式耳小麥；但若第二天的戰報又稱，儘管部隊英勇抵抗，最終還是被食人族擊敗，所有人都可能被吃掉，那麼同等面額的藍背紙幣就只能買到半蒲式耳小麥了。因此，大家在出售商品（即以自己的時間與勞力所產出的東西）時，會在價格上加上一筆「保險費」，以抵禦貨幣購買力的波動。換句話說，賣方希望確保自己收到的錢，能維持與所售出商品相當的價值。

然而，沒有人能預測食人族每天的行動，也就無法掌握貨幣購買力的變動趨勢，這使得每一筆交易都增加了風險，也就是說除了日常交易中的風險外，賣方還得承擔貨幣價值波動的威脅。由於這種風險毫無規律可循，如同擲骰子一樣隨機，人們只能靠猜測來決定該加多少「保險費」，也就是說，他們實際上是在對未來貨幣的購買力進行一場賭博。

最終，每筆交易都不可避免地沾染上強烈的投機色彩，這對島上純粹依靠勞力的群體造成了嚴重衝擊。因為「勞動力」這種商品具特殊性，若當下沒有人雇用，那麼價值就會立即歸零；而

第 9 章　與食人族之戰

且,一旦工資水準訂定後,要重新調整也非常困難。因此,出售勞動力無法像出售商品那樣,靈活地因應貨幣價值的變動。鑒於這種現象對整個島嶼的金融體系影響深遠,我們有必要通過真實案例,來具體說明其運作機制與實際後果:

島民的衣服布料大部分來自於國外;由於當地貨幣無法出口,這些布料必須透過出口黃金,或是出口可在其他國家換取黃金的商品支付。而這些布料再透過島上的成衣經銷商製作成衣服,再以當地貨幣交易,出售給下游的零售商,並提供三到九個月的信用期。

假設在交易過程中,使用的是黃金或代表黃金的憑證,那麼成衣的信用價格就會等於現金價格,只要再加上這期間的利息以及可補償呆帳風險的金額即可;而且賣方永遠不會去考慮,他在到期後收到的貨幣或貨幣代表物,是否會與債務簽訂當天的價值或購買力相同。在這種情況下,賣方只需要擔心顧客是否會按時付款,而不會擔心收到的貨幣價值是否會改變。

然而,當交易中涉及的貨幣不是黃金,也不代表黃金或其他

有價商品時,貨幣的價值和購買力就會變得不穩定。這使得賣方無法確定,在付款期間到期後,他收到的貨幣是否等同於當初約定的價值。當然,貨幣價值可能更高,也可能更低。一般來說,賣方從不預設前者價值更高的狀況,更不可能因而扣除任何金額來反映這種情況,這等於是預先放棄了可能的附帶利潤。但為了安全起見,賣方通常會提高商品價格,以彌補貨幣貶值的風險。這樣,他可能會將價格提高10%、15%、甚至30%,以確保未來的貨幣擁有足夠的購買力,能夠換回相當於最初支付的黃金。

貨幣波動與商業活動

當貨幣購買力的波動範圍變得較小時,商家會遵循一定的規律來調整附加的「保險費」百分比。例如,當一位服裝商家以三個月的信用賣出商品,而此時貨幣的購買力遠低於黃金,需要115單位貨幣才能換取100單位黃金時,他預期可能三個月後貨幣貶值幅度會到120,那麼就會在售價上加收百分之五。以此類推,如果信用期超過三個月,他可能要加上百分之十的價格才能

第 9 章　與食人族之戰

應對這種風險。

現在，三個月到了，如果換取100單位黃金的貨幣增至125，那麼商家就會因支付債務而損失百分之五。然而，如果貨幣購買力變動方向相反，只需110單位貨幣就能換取100單位黃金，商家便會在原有利潤基礎上再賺取十個百分點的額外利潤，這筆額外的利潤最終會轉嫁到消費者身上[1]。

商家非常精明，他們看到這種賭博式的保險策略似乎能帶來穩定的利潤，久而久之，一些商家開始認為，透過這種方式賺取利潤才是經營的主要目標。另一方面，一些更具獨到眼光的商家則認為，想要致富，最聰明的方式是直接押注貨幣的波動，也就是押注每日需要多少貨幣才能購得相同數量的黃金或其他有價商品，而不是通過經營商店、庫存商品、雇用員工、帳目記錄和信用等間接方式來實現同樣的目標。這些商家最終決定結束原有業務，並「下海」經營。他們依賴賣出自己並不擁有的商品、買進自己不期待收到的商品謀生，並根據購買或銷售日與收貨或交貨日之間貨幣波動所帶來的差異來賺取利差。

一種讓不滿意者消失的方法

第 9 章　與食人族之戰

　　總的來說，這一切就像童話故事中的魔法小提琴一樣，當有人彈奏時，無論是在荊棘中還是在平原上，每個人都會隨之起舞。島上貨幣的購買力不斷波動，因為它並不與任何具體物品等值，這使得每個參與者都在進行賭博。有些人參與是因為喜歡這種刺激，而另一些則是因為要避免損失。而那些不方便參與這種賭注的人，試圖提高其商品或服務的價格來保護自己[2]。然而，在歷經一切苦痛之後，島民發現自己並未如預期般過得更好。他們意識到，雖然過度發行，且沒有任何物品對應的貨幣的確能促進生產，但其更大的影響是使生產成果分配不均，貧富差距擴大，富者越富，窮者越窮。

第 9 章注釋

1. 儘管所有研究該課題的學者都已經找到確鑿的證據，證明不可兌現且價值波動的紙幣總是會對特定族群，造成特別嚴重的賦稅壓力，這群人主要是指依賴固定收入維生者，但要用清晰易

懂的例證來說明此一事實，並讓相關階層真正了解其嚴重性，仍相當困難。為此，我們幾個月前請教了一位傑出的美國商人，他擁有豐富多元的經驗，完全有資格談討這個問題。以下是這次請教的內容概要：

問：當您以黃金購入商品，卻以紙幣出售，您會在售價上加多少錢作為一種風險保險，以確保收到的紙幣金額（包含利潤、利息等）才能涵蓋您原先以黃金支付的成本，或足以重新購回相同價值的黃金？

答：我們現在很少這麼做了，也可以說幾乎不這麼操作。

問：但您在經營時，在某種程度上，仍然會將對抗貨幣波動的風險保險納入考量吧？

答：是的，沒錯，當然還是得考慮進去。

問：那麼，如果您不介意的話，請告訴我，在目前的情況下，您通常會預留多少比例作為這方面的保險呢？

答：我當然不介意。我們現在的作法是以現金嚴格控制採購，

第9章　與食人族之戰

銷售方面也大多採取現金交易，或者給予極短期的信用期。在過去兩三年中，貨幣的波動範圍相對較小，因此我們在售價中幾乎只加入了極少的風險費用，舉例來說，如果是現金或三個月內的短期信用，通常只加收1%到2%；如果我們提供較長的信用期，會再視情況增加。不過，在戰爭期間及戰後，貨幣波動的幅度大、頻率高、變化更難以預測，這個時候就完全不同。我們必須密切地監控售價，幾乎得時常調整，有的時候，甚至一天要改一次。我現在的情況算是比較特殊的。如果你想瞭解更普遍的情況，還需要進一步調查。不過，我可以幫你這個忙。

我們固定大量採購外國的布料，供應給大型的成衣製造商和批發商。我們用黃金購買，也以黃金出售，在這些交易中完全不用考慮紙幣的波動。但我的客戶就不一樣了。我會給他們一定的信用期，而因為交易金額通常很大，我自然需要了解他們的經營方式。他們用黃金來買布料，再製造成成衣，然後銷售給全國各地的中盤商與零售商。這些

交易是以紙幣進行的，而且信用期往往比他們向我採購布料時來得更長。

有鑑於風險控管與實際需要，這些成衣批發商和製造商必須在他們的售價中加入足夠的風險控管費用，以確保三個月、六個月甚至九個月後所收到的紙幣，仍然能換回當初支付給我的等值黃金，或者至少能再買一批布料，以維持他們的生產與銷售循環。至於他們實際加了多少比例，我無法給出明確的數字，因為這沒有固定的規則。在市場競爭允許的範圍內，每家廠商自然會盡可能多加一點，同時也會仔細評估所有可能影響黃金價格的因素。依我看來，三個月信用期平均至少會加收5%；若信用期更長，則加收更多。

如果市場因競爭過於激烈，而沒有空間可加入任何保險費用，那麼這些企業就會面臨虧損的風險，長期下來可能會導致嚴重後果。這也許能解釋，為什麼一些本來經營得不錯、按照傳統方式做生意的公司，最終卻倒閉了。至於那

第 9 章　與食人族之戰

些中盤商與零售商,也就是向這些批發商和製造商進貨的客戶,他們在制定售價時,通常不會明確考慮貨幣保險。但不論如何,只要商品的進貨成本因為貨幣保險而上升,他們也會在這個基礎上再加上利息與利潤。最後的結果是,所有價格都會都會轉嫁給消費者,但消費者通常根本無從得知,他所購買的商品,其實包含了這些隱含的成本因素。

問:那麼,韋伯斯特(Daniel Webster,譯注:19世紀著名的政治家)曾經說過的這句諺語:「紙幣是所有欺騙勞動階級的手段中,最為陰險狡詐的一種」,想必他對這類交易絕對有深刻的認識吧?

答:絕對是的,只要使用那種不穩定、無法兌換的紙幣作為交易媒介,就必然會產生這類情況。

上述的對話並非虛構,而是基於1876年1月實際的商業現狀。
2. 1864年,紐約當地的造船廠建造了一艘船,若以當時的貨幣計

算，工資和材料價格都處於歷史高點。到了1870年，在同樣地點，依照相同的設計建造了另一艘船，兩艘船沒有任何差異。由於1870年的工資和材料成本比1864年低，大家預期造價應該會便宜許多；但結果顯示並非如此。

第 10 章
戰後

AFTER
THE WAR

終於，戰爭結束了。食人族被徹底擊退，島民不用再因害怕被烹煮而夜不能寐。然而，戰爭摧毀了大量的寶貴資源，按理說損失如此慘重，島民應該感到一貧如洗才對，但奇怪的是，所有人絲毫沒有這種感覺。原因很簡單，雖然物資損毀了，但那些用來支付這些物資的「付款承諾」依然還在，更重要的是，幾乎所有人都把這些白紙黑字的承諾當成了真正的「錢」。既然是錢，那當然就是「財富」；而既然財富如此充沛、甚至過剩，那眼下最需要做的事，就是想辦法好好利用這筆財富。

於是，眾人開始出謀劃策，尤其是那些手頭根本沒錢的人，更熱衷於幫那些有錢的人出主意。各種稀奇古怪、號稱「長期穩健」的投資計畫如雨後春筍般冒出來，例如有人推銷應修建鐵路把人送去類似氣候的地區（其實根本沒人想去）；也有人提出在「欺詐河」（Cheat River）和「賠光河」（Algonquin River，譯注：英文諧音 All-gone，全都不見的意思）上開發油井的計畫；更有各種奇特的專利發明，如可以替代茶和咖啡的產品。

在這場荒誕的財富幻覺中，連過去那些虛構的冒險家和騙子

第 10 章 戰後

似乎也都來到城裡了:像法國財政大臣約翰·羅(John Law,譯注:曾推動一系列的金融改革導致法國經濟崩潰)、李梅爾·格列佛(Lemuel Gulliver,譯注:出自1726年的諷刺小說《格列佛遊記》〔*Gulliver's Travels*〕的虛構人物)、敏希豪森男爵(Baron Munchausen,十八世紀德國著名冒險故事的男主角,特點是很愛吹牛)、英國作家曼德維爾爵士(Sir John Mandeville,譯注:著有《曼德維爾遊記》〔*The Travels of Sir John Mandeville*〕)、葡萄牙冒險家費爾南·門德斯·平托(Juan Ferdinand Mendez-Pinto)以及航海家辛巴達(Sindbad the Sailor,譯注:出自《一千零一夜》〔*Arabian Nights*〕的虛構人物)等,甚至有報紙指證歷歷,他們已經入住當地最有名的飯店。

戰後,人們在重建家園方面展現出極大的生命力,因此一度讓整體經濟活動比以往更加熱絡。有些原本認為戰爭是一場災難、對國家有害的人,此時開始懷疑自己是否錯了;而那些從頭到尾都相信戰爭是一場「祝福」的人,甚至開始認真考慮,是否應該再發動一場戰爭來刺激經濟、促進繁榮[1]。

許多民眾辛勤工作所累積的資金被不斷投入到一些根本不可能帶來合理回報的計畫中。儘管這些投資不像戰爭那麼具有直接的破壞力，但所造成的經濟損失卻同樣怵目驚心。更令人憂心的是，在一些所謂「最虔誠的基督教報紙」的鼓吹下，很多自認為正派的人也急著把辛苦積攢下來的微薄積蓄投入這些計畫中。諷刺的是，當中有不少農夫，他們應該很清楚，把麥子或玉米種在根本不會發芽的土地上，這絕對是賠本生意，而這樣的經驗只會讓他們來年不敢再多請人幫忙播種。

戰後經濟迷思

　　當時，島上流行著一種觀念，島民認為把島上產品盡可能出口到其他國家是一件很值得推崇的事，卻不鼓勵從外國購買任何東西，他們會想方設法阻止那些不了解情況的人進行交易。然而，任何人都無法長期只賣不買，或只買不賣，長期以往，島上的對外貿易就呈現停滯的狀態。此外，由於島上交易都要透過不穩定的貨幣來進行，這使得島上所有產品比其他地方的價格高出

第 10 章　戰後

五到十個百分點，有的產品甚至會提高到百分之十五。因此，對外國買家來說，島上的產品就變得不具競爭力了，因為他們可以用更便宜的價格，從其他地方購買同樣的東西。[2]

實際上，島民其實既勤奮又聰明，特別是那些會借助機器設備利用自然力量的社區，他們所生產的商品常常會超過自身的需求，奇怪的是，島上開始積壓大量有用的商品。製造商因為不想虧本，不願意低價出售；而外國人則因為可以在其他地區以更便宜的價格買到同樣的產品，而不願在島上採購。結果，製造商停止生產，勞工因為失業而無法購買足夠的商品，消費也隨之下降。就像那些因過度富裕而走向衰敗的社會一樣，在短短的時間內，島嶼經濟也陷入了困境。

就這樣，整個時代漸漸「失去了平衡」。島民逐漸意識到，許多他們原以為是「財富」的東西，其實不是真正的財富；而許多他們原本不以為意的因素，正是讓他們走向貧窮的主要作用力。

人們普遍認為，他們所使用的貨幣是導致困境的主因之一，但對於貨幣究竟如何產生影響，卻幾乎沒有人能真正說清楚，更

這個主張因此遭到了許多反對者的抨擊，他們聲稱，如果這個計劃得以實施，將會剝奪他們的錢財，從而使他們失去進行交易的工具。

第 10 章 戰後

難以達成共識,唯一的共同想法就是,必須「深入探討」貨幣這個話題,於是大家開始沒完沒了地討論,尤其那些最不瞭解情況的人,反而說得最大聲、最起勁。有些人主張,政府最「誠實」、「正確」的做法,就是儘快履行「隨時支付」的承諾,也就是該還什麼就還什麼。若是欠獨木舟就歸還獨木舟,若是欠布匹、鐵矛或錢財,都應當如數償還,而不是只會空口許諾卻從不兌現。

但這些人就連對「怎麼還」也無法達成一致。有些人主張應該收到多少就還多少,例如,今天收到了布就還布,明天收到了鐵就還鐵,這樣逐步清償。另一些人則覺得應該分門別類地把各種物品集中存放在不同的倉庫裡,等到每一種物資都集滿了,再統一歸還每個人原本出借的東西。然而,正如前面說過的,政府本身從來沒有,也不可能擁有任何獨木舟、布、鐵或錢,除非是從人民那裡取得的。所以,所謂政府還債,其實也就是人民自己還債。只是很多人「天性上」就不喜歡還債,這項主張遭到了許多反對者的抨擊,他們聲稱,如果這個計劃得以實施,將會剝奪

他們的錢財,從而使他們失去進行交易的工具。

事實上,這些人之所以拿不到錢,問題並不在於貨幣制度,而是因為他們缺乏可供交易的實用物品,也沒有付出實際的勞動來換取報酬。除非他們願意投入工作,否則就只能試圖以「不勞而獲」的方式,從他人手中取得金錢。

阻礙財政改革的雙面角色

除了那些公開反對或毫無決斷力的民眾之外,還有其他形形色色阻撓財政改革的人。舉例來說,有些人總是戴著寬邊帽,身穿褐色外套,號稱是和平擁護者,但只要食人族答應,願意只烹煮老年人、嬰兒,或偶爾再加上一位岳母,他們隨時可與食人族達成協議。這些人當時認為政府發行流通藍背紙幣,是專斷、違法的。

然而,當島民成功擊退食人族之後,這些鴿派人士立刻改變原來的教友式穿著,搖身一變成為主戰的鷹派,開始大力主張擴大發行、流通藍背紙幣,甚至可以為了這個目的,不惜再發動一

場戰爭,或製造可能戰爭的恐慌。戰時,他們被稱為「銅頭蛇」（Copperheads,譯注:原指北美的毒蛇,南北戰爭期間,指的是一群住在北方卻反對南方開戰的人,表面和平,實則暗藏危險與另有目的）;戰後雖披上偽裝,但本質上仍是同一群人[3]。

事實上,不論是戰時反對發行藍背紙幣,還是戰後反對兌換回收藍背紙幣,這兩種立場本質上都是對政府與戰爭的敵意表現。若政府在危難之際無法兌換承諾,將會嚴重損害在人民心中的信用,未來類似危機發生時,將無法再度動員或採取必要措施。島上的有識之士與真正的愛國者很快就識破了這種假道學。這些人打著「關心商業」的名義,實際上卻在鼓吹拒絕償債,這使他們想起了一句古老的諺語:

「當魔鬼生病時,魔鬼願意成為僧侶;
　當魔鬼康復後,魔鬼依然是魔鬼;」[4]

此後,他們將反對政府兌現藍背紙幣的人稱為「膨脹銅頭蛇」

（譯注：指支持大量印製藍背紙幣，形成貨幣膨脹者）或「延長銅頭蛇」（譯注：指贊成延長藍背紙幣流通時間者），這個稱呼從此在歷史上沿用下來。

當時也有許多善意、有良知的市民，真心希望通貨膨脹的氣球能夠消退，但他們強烈反對直接抽出氣球內的氣體（也就是減少市場上貨幣供應量）來達成這個目的。那些像「等河水流過再渡河」的保守派堅信，只要大家耐心等待，氣球最終會自己落下。反對者則指出，如果大家必須花大量時間盯著這個搖擺不定的氣球，避免被它砸中頭顱，那麼社會上將會出現食物和飲水的短缺。在漫長的等待與焦慮中，失業、斷糧、缺衣的困境逐漸消磨人們的希望，最終可能迫使民眾忍無可忍，直接打開閥門，讓氣球內的氣體瞬間全部釋放。

有人提出可以模仿「固執的彼得」（譯注：出自華盛頓‧歐文的《紐約外史》，彼得是荷蘭統治紐約的最後一任總督）與美國北方人的角力一樣，以「強制命令」來讓氣球降落；也有人寄望於家庭禱告，祈求事情自然解決。對此，許多著名的愛國憲法律

師認為,藍背紙幣是基於軍事必要而發行,理應只在軍事需求期間使用。戰爭結束後,繼續發行藍背紙幣無異於延續戰爭,且這場戰爭不再是針對外敵,而是對自己的人民。

另一方面,那些狡猾且堅持延長戰爭的「銅頭派」律師則主張,只要某種工具是出於軍事需要而創造,它就應該永遠被使用。換言之,一顆在戰爭時期合法使用的子彈或炮彈,即使在和平時期,也能被重新裝填並射出,不管它會擊中誰或摧毀什麼財產。對他們來說,不斷重複使用這些武器、造成破壞和殺戮,不是犯罪,反而是崇高的愛國行為。

這種觀點讓一些膽小的人感到恐慌,他們擔心如果無限期重複使用這些武器,可能會毀掉島上所有的財產,甚至殺死所有居民。面對這種情況,他們寧願當初就對食人族舉白旗投降,因為食人族的胃口總有滿足的一天,甚至有可能因為消化不良,或道德勸說而改變飲食習慣。

借鏡西班牙圍城

在社會陷入懷疑與困惑的時期,那些熱衷於歷史的人便開始翻閱其他國家的編年史與歷史紀錄,希望能從中汲取經驗。他們發現了不少有用的例子,其中之一來自博學的西班牙歷史學家安東尼奧・阿加皮達修士(Fray Antonio Agapida)的記載。書中提到,當老將伊尼戈・洛佩斯・德門多薩(Don Inigo Lopez de Mendoza),坦迪利亞伯爵(Count de Tendilla),在西班牙的阿爾哈馬城(Alhama)被摩爾人圍困、同時又面臨嚴重的財政困難時,他所採取的應對之道是:

> 「事情是這樣的,」阿加皮達寫道:「這位虔誠的天主教騎士(指坦迪利亞伯爵)有一回手頭很緊,無法支付部隊的薪餉;士兵們因此怨聲載道,因為他們沒有錢向城裡居民購買日常用品。在這樣的困境中,這位睿智的指揮官做了什麼呢?他拿出一些小紙片,在上面寫下不同

第 10 章　戰後

的金額,然後親自簽上自己的名字和印記。接著,他把這些紙條發給士兵,作為薪餉的憑證。」

「你可能會問:『什麼?竟然用紙條來發薪水?』沒錯,正是如此,大家還領得心服口服。為什麼?因為這位好伯爵發出一道公告,命令阿爾哈馬居民接受這些紙條,依照紙條上的面額使用。他還承諾,將來會用真正的金銀來兌換這些紙條,並嚴厲警告,拒收者將會受到懲罰。當地居民對他充滿信心,他們相信,他絕對有能力可兌現承諾,因此大家便毫不猶豫地接受了這些奇特的紙片。就這樣,這位天主教騎士以一種巧妙又幾乎如魔法般的煉金術,將一堆毫無價值的紙張變成了真正的黃金,讓原本缺錢的駐軍,頓時變得財源滾滾!」

歷史學家繼續寫道:「公正地說,坦迪利亞伯爵確實如忠誠的騎士般兌現了承諾;而這個看似奇跡的事件,在紙

Robinson Crusoe's Money

「只要某種工具是出於軍事需要而創造,它就應該永遠被使用;無論它可能擊中誰,或摧毀什麼財產。」

幣歷史上也是頭一遭。」[5]

最後再補充一句，島上的古文物學家從未發現其他士兵效仿坦迪利亞伯爵發行「小紙片」當作貨幣的紀載，就算有人效仿，也從未有人能像伯爵及時兌現承諾。這些人若再陷窘境，就很難再次獲得士兵與民眾的信任。[6]

第10章注釋

1. 1872年，日本使節訪問美國時，有人鄭重地建議他們，應設法創造「國債」，並以此作為發行貨幣的基礎。
2. 義大利政治學家尼古洛・馬基維利（Niccolo Machiavelli）在其《李維論》（*Discourses on the First Ten Books of Livy*）第二卷第三章中，為了解釋羅馬共和國與斯巴達共和國在發展上的巨大差異，提到：「斯巴達共和國的奠基者來古格士（Lycurgus）認為，最能摧毀其法律的，莫過於外來人口，於是他竭盡所能

阻止外人湧入斯巴達。他不但禁止與外族通婚、賦予公民權，並切斷一切能使人彼此交往的聯繫與對談，更規定只能使用皮革製成的貨幣（無法出口），以此讓外人對將商品帶入斯巴達或在當地從事任何工藝或產業失去興趣。如此一來，這座城市的人口便無法擴張。」

3. 仔細檢視便可得知，美國自建國以來，有六分之一的時間都處於戰爭狀態；這個國家未來恐怕也難以逃脫歷史興衰的輪迴。如今，這裡充斥著無法兌現的紙幣、背棄信用的行為，黃金更是被剝奪貨幣地位，面對如此局面，這個國家還拿什麼來應對未來可能爆發的重大存亡之戰？

4. 在美國最高法院判決彙編華萊士卷第7卷，一個常被忽略的金融判例「銀行與監管者」（Bank v. Supervisors）中，美國最高法院做出裁決，指出：「美鈔實為支付美元的債務憑證，而此處所指美元應為美國法定鑄幣美元。」因此，若拒絕以鑄幣兌付此類票據，顯然構成債務違約。

5. 華盛頓·歐文（Washington Irving）的《格拉納達征服記》

（*Conquest of Granada*）。

6. 在歐洲，每個珍藏錢幣的收藏櫃中，都可以找到所謂的「圍城幣」的特殊貨幣。這些錢幣是在城市遭圍困時所鑄造的，用以暫時取代原本的流通貨幣。這類錢幣一向被視為具有神聖意義，若在當下有人拒絕接受，便是一種對道德與愛國精神的嚴重背叛。

Robinson Crusoe's Money

第 11 章
理想的黃金時代？

THE NEW
MILLENNIUM

貨幣改革的狂熱者

　　最終，出現了一群自稱為「人類之友」的專家，他們有信心能解決所有困難，同時也渴望治理這座島嶼。

　　其中，這群專家的主要帶頭者有「怪物」之稱，他長相兇狠，曾參與對抗食人族的戰爭，因此被認為非常勇敢；說話聲音洪亮又充滿自信，因此被認為充滿智慧；雖然從未做過任何有實際貢獻的事，卻累積了大量財富，因此被視為很有經商才能。

　　他的主要夥伴和顧問有兩位。第一位是一位偉大的演說家，他大部時間都在未受教育、沒有財產，自然也沒有交易經驗的一群人中傳教；正是在這所極為出色且實用的「社會大學」中，他學會了這門複雜學科的所有知識。第二位是一位出色的運動員，多年來在國家馬戲團中表演，雙肩扛著標有「本國產業」的沉重包裹就是他的招牌演出，並因此而聲名大噪，這些包裹實際上只是裝著生鐵。他們身邊很快就聚集了大批追隨者，這些人大多生活困苦、負債累累，內心憤懣不平。

第 11 章　理想的黃金時代？

他們做的第一件事，就是批評那位可憐的老魯賓遜，原因在於他生前曾主張，島民應該用黃金作為貨幣基礎，因為黃金無法憑空創造，只能透過勞動生產取得，並選擇一種能代表黃金的憑證作為流通的貨幣。然而，他們指責老魯賓遜明知黃金是「舊時代專制政權的工具和產物」[1]，卻仍堅持此一主張。更過分的是，這些人完全不尊重魯賓遜是開國元老，也忘記當初在山洞裡度日的艱苦歲月。

他們宣稱，全世界對於貨幣的傳統觀念都是錯的。他們說：這座荒島原本就與世隔絕，法律更從制度面加深了這樣的隔離，因此，這座島對於金錢、貨幣的需求以及其他方面的情況是較為特殊的，外界的經驗對他們根本沒用，也不值得參考。

隨後，他們達成共識，認為魯賓遜、星期五等元老所秉持的觀念，也就是「優質貨幣應當具備普遍需求性並能實現等價交換」的想法正是造成一切財政困境的根源。按照這個邏輯，只有那些辛勤工作，而擁有小麥、牲畜、房產、債券等資產的人，才有資格持有貨幣。然而，他們主張的金融改革核心理念，恰恰是要打

破這種限制。他們想創造一種新型貨幣體系，讓那些既無資產、又不願（或無法）透過勞動創造價值的人，同樣能夠輕易獲得充足的貨幣供給。

於是，那位既是演說家又是理論家的領袖，代表其組織「人類之友」發表宣言：「我們要讓貨幣市場變得更民主一點，不要再讓少數特權階級壟斷財富。我們要讓每個人都能輕鬆拿到更多的錢。」² 簡單來說，就是病人原本已經因為長期吃著清淡（節制的）財政飲食變得虛弱不堪，結果這些財政醫生居然還提議，用更稀、更沒營養的白粥來救他。而這就是他們所謂的「解方」。

當時大家一致認為，「金錢」這個詞其實並不恰當。如果能改用一些更清晰、帶有定義性的科學術語，公眾對那些重大議題的理解也會更加明確。有位專家建議，若以「金錢」如草木般無所不在的特性來看，不如以《聖經》中的用語「根源」（root）為其命名，他接著補充：「從上帝選擇將金錢賦予哪些人，就可看出祂對金錢的看法。」另一位建議稱它為「聯結的工具」（取自凱理學說〔Carey〕。譯注：美國經濟學家亨利・查爾斯・凱里

第 11 章 理想的黃金時代？

醫生建議持續節制（財政）飲食

〔Henry Charles Carey〕提出的經濟理論,他認為,貨幣不只是交易媒介,更是串起社會運行的基礎);第三位說應該叫它「流通的符號,且製造貨幣應以本土材料為優先」(取自約翰‧羅1705年的著作。譯注:約翰‧羅在著作《論貨幣與貿易》〔*Money and Trade Considered*〕中提及貨幣的核心功能是促進商品流通);第四位認為,它是「相對於商品的一種價值感」(取自1795–1810年的《英國貨幣論文集》〔*British Tracts on Money*〕。譯注:論文集作者認為,貨幣只是一種衡量商品價值的標準);第五位則主張,它應該是一種「既非黃金也非白銀的標準,而是建立在公眾意志上的想像標準」(來源同上)。

至於在改革體系下,貨幣是什麼或應該是什麼,起初也未能達成共識。其中有個頗受青睞的觀點,認為貨幣應該只是一種憑證,代表某人在某個不確定的時間或地點所提供的服務(雖然接收服務的人可能已經忘了或不可考),而貨幣「持有者即是在分工制度下還未獲取應得的等價報酬」的人[3]。因此,依據此派專家的邏輯,欠的債務越多,貨幣就越多;貨幣越多,等同於財富越

第 11 章　理想的黃金時代？

多。除非我們假設（這顯然不合理）這種東西不具備其他貨幣的最基本的屬性，即購買力。

此外，雖然這些專家沒有明說，但依據其邏輯可以合理推論：在一個只用「代幣」或「紀念幣」的社群中，致富的最佳捷徑就是欠債；而要推行「先進」的貿易或商業體系的最好方式，就是用時間勞力換來的商品，去交換沒有利息的債務憑證。而這樣的論點讓島民更加堅信先前的觀點：他們手上的貨幣，也就是這些戰爭毀滅的證明，絕對是「世界上最棒」的貨幣。

然而，前面提到的那三位領頭的「專家」絕不甘於妥協，只做一半。試想，他們既然已經著手改革，豈會讓改革之犁卡在溝壑中呢？因此，他們一方面以權威說法作為理論支撐，另一方面又訴諸於公眾的直覺常識，希望以此獲得眾人的支持。

以下是受到高度重視的一些權威說法：

「商業活動和人口為國家財富與國力的來源，其主要關鍵
取決於貨幣數量以及管理方式。」

——約翰·羅,《致奧爾良公爵的回憶錄》(*Memoir to the Duke of Orleans*),1705年。

「為了維持自身與國際利益,我們是否應該永久維持一種只在本國內流通的貨幣體系?此議題已經成為超越其他話題,舉國關注的焦點。這麼做完全符合當前主要國家的經驗,也與健全的經濟學原理一致。」
——經濟學家亨利·查爾斯·凱里1875年9月寫給底特律眾議員摩西·菲爾德(Moses W. Field)的信件。另可參閱威廉·基夫特總督1659年所著《論新阿姆斯特丹貝殼貨幣的使用》(*On the Use of Wampum Money in New Amsterdam*),此書為已經十分稀少的大開本著作。

「長期以來,我們習慣為貸款提供擔保,並在固定日期償還,這種思維使我們忽視了無擔保且無固定還款日期的貸款對國家經濟發展的益處。」

第 11 章 理想的黃金時代？

——卡爾‧馬克思（Karl Marx，譯注：德國政治與經濟學家，為共產主義理論的奠基者），國際組織秘書。

法院的荒唐定義

這些理論專家在向民眾推行其觀點時，最仰賴的莫過於鄰國最高法院的一項司法判決，該判決就何為「貨幣」進行了裁決，法律用語表達如下：「我們認定，國會有權制定法律，規定政府承諾支付的貨幣，在特定時期內應與《鑄幣法案》確定的價值代表物等價，或為其倍數。」若翻成島上的語言，意味著政府有權將「尚未付款」的承諾，視為「已經付款」的事實。

更令人玩味的是，這項裁決實際上並未提出任何新的法律見解。法官甚至在判詞中援引了傳說中的古代「法律專家」傑克‧凱德（Cade Jack，譯注：為莎士比亞著作《亨利六世》〔Henry VI〕中，無知、滿口空話的叛軍領袖）的經典判例，如：「七個半便士的麵包應該只賣一便士」，以及「酒桶上別只用三個鐵圈，應該用十個鐵圈固定」。這些顯然荒謬的語句，反而被用來

作為法律判決的佐證。

該法院還進一步強化其立場，宣稱：「談論『價值標準』其實並不精確，因為憲法從未提及這項概念。價值本就是一種觀念性的東西。雖然鑄幣法確實將單位定為『一美元』，但我們所稱的金幣或銀幣，實際上並不是這個單位的標準，只是它的代表物。甚至歷史上，可能壓根就沒有所謂的『一美元』硬幣。」這整段判決，雖披著法律的外衣，實則揭露了一件事：在權力之下，即使是一個尚未兌現的承諾，也可以被法律強制視為完成的事實；即使沒有實體的金錢，政府也可以創造出其等價的幻影[4]。

在這裡我要特別說明一下，法庭的最後這段論述點出一項重大發現：世界上怎麼可能只有『代表物』，而沒有它所代表的實體呢？在德國作家阿德爾貝特‧馮‧夏米索（Adelbert von Chamisso）筆下的虛構角色──彼得‧施萊米爾（Peter Schlemihl）把自己的影子賣給魔鬼，是一個沒有影子的人；但在這裡，我們面對的卻是『有影子，卻沒有倒映出影子的實體』。一個金元並不是一個特定的、機械製成的硬幣；但25.8格令的標準金就是

第 11 章　理想的黃金時代？

一美元。法庭的意思是這些金格令可能從未存在過，卻還是有其代表嗎？

當判決出爐的那一刻，所有專家拿起字典，尋找「理想」（ideal）這個詞彙的含意，正如預期，它的定義在韋式字典為「幻想的；只存在於想像中」。從那一刻起，改革派專家更加堅定自己立場的正當性。從理性層面來看，人類的最高司法機關已經明確解決了兩個複雜的問題。首先，某項物品的「代表物」可以（如果掌權者說可以就可以）等同於那東西本身；第二，「價值」是一種觀念性的事物，因此，既然「想像力」能創造所有觀念性的事物，那麼「價值」自然也能由想像力創造出來。

那麼，根據這樣的邏輯推論，想要擁有並享用任何東西，只需要創造出它的象徵物或代表物；而若要「支付」已獲得的價值，只需想像出一個相對應的價值，然後拿來交換或結算即可。在這套法律與邏輯的基礎上，三位專家領袖與其政府管理者遂決定：國家未來的貨幣制度，就要建立在這一套理念之上。原先貨幣上印著「承諾支付」一詞，顯然已經完全不必要。既然貨幣庫

存可以無限增加，或至少總能滿足每一個人的需求（無論是否從事交易），那還承諾什麼呢？

某位科學家甚至做出數學模型，證明如果使用那種幾乎不需要任何勞力成本就能製造出來的貨幣，來取代原本需要大量勞動才能獲得的黃金或商品，整個社會節省下來的勞動力將會多到驚人。因此，為了防範「過度富足」的社會危機，他建議應馬上立法，禁止任何人每日工作超過六小時。這位科學家早些時候還曾經因為太沉迷於一款能節省一半燃料的新型爐灶的效率演算，而提出另一項「創新建議」——大家應該購買兩台爐灶，以便把所有燃料都節省下來。

除了少數幾個例外（稍後將另行說明），整個島上的居民無不歡欣鼓舞，並在情況允許之下，以最快的速度開始將他們的商業活動全面調整至新的貨幣基礎上。對於即將迎來的黃金盛世，眾人滿懷喜悅，而這份欣喜之情，也沒有讓他們忘記心中的感激。為了報答那些遠在異地、曾為他們帶來智慧啟發的人們，島民們決定送上豐厚的謝禮，以表敬意與感恩之心。

第11章 理想的黃金時代？

於是，島民一致通過決議，贈送每位重新定義「價值」的睿智法官一座想像中的城堡與莊園。擁有這份虛構產業的同時，法官們也獲得了貴族身份，其封號為「理想男爵」（Baron Ideality）。此外，特別授權他們可以（如果樂意的話）在封號前冠上「超級超級理想」（damn）的理想男爵，作為額外的「榮譽」。

島上決議，送給一位在海外最著名、主張「貨幣不可出口」理念的倡導者，一百萬單位的「連結工具」，這是以理想貨幣表示的價值。但由於在法規制度下，這種貨幣無法流通至島外，因此無法實際支付這筆禮物。於是，島民寫了一封信，解釋這個情況，並請求對方將這項支付決議的傳遞信件視為是禮物本身。

當然，島民也沒有忘記那些在理論上「定義貨幣」的財經權威。島民送給那位將貨幣定義為「一種相對於商品的價值感」的著名金融家，一尊「這是什麼」（What Is It）的石膏像（譯注：「What Is It」在馬戲團指的是一種難以命名的怪人表演）。至於另一位曾公開主張「貨幣材料越便宜，對社會越有利」的學者，則收到了一大箱島民精心搜集來的廢棄物，裡頭裝滿毫無價值的東

一位亞拉伯人問滿載的駱駝,它更喜歡上坡還是下坡。「請問,主人,」乾巴巴的駱駝問說,「穿越平原的直路被封閉了嗎?」

——伊索

第 11 章 理想的黃金時代？

西，並附上一封客氣的信件，邀請他從中挑選一項最能象徵貨幣的物品，並撰寫一份詳細的使用報告，說明他如何用這些東西來代表「尚未獲得回報的勞務」。

就在島上政府還在慢條斯理地籌備新貨幣制度之時，一些「有遠見的個人」決定搶在官方立法之前，率先實踐新財政體系的原則。其中第一位付諸行動的人，是負責島內偏遠地區事務的內政部秘書。他的主要職責是提供牛肉給「異教徒」。這些異教徒，就是當初魯賓遜呼籲捐款援助的那批人。這位官員的風評不佳，據說那些異教徒實際上並未拿到應得的牛肉。但這項質疑，或許只是因為他們無法將「傳遞的象徵」與「實際滿足」劃上等號罷了。

為了安撫異教徒，同時洗刷自己的名聲，這位官員迅速製作了一大批壯碩肥牛的圖畫，然後託一位貴格教徒（譯注：強調和平與誠實的宗教信徒）送去給異教徒，並在信中表示：「請烹煮這些牛，並心滿意足地大快朵頤吧。」信末還好心提醒：「節儉一點，記得把牛皮也留下來。」由於那位貴格教徒從此再也沒有

回來，島上的人便推測，至少信中的第一項建議：「大快朵頤」應該是已經被徹底執行了。

理想體系的付諸實踐

島上的慈善互助會也立刻決定，將「理想體系」的原則充分應用於所有實務範圍中，以發揮最大效益。這個歷史悠久、備受尊敬的機構，長年提供衣物，救濟貧困者；而如同所有經濟不景氣的時代一般，社會對其援助的需求總是遠遠超過慈善捐款所能供給的。然而，互助會的管理者很清楚，若要將理想體系運用於慈善事業，絕不能把當地的貧困者和遠方的異教徒放在同一層次，只是用時尚畫報上剪下的華麗衣服圖片回應他們對衣物的需求。這兩者的情況本質上有著根本差異：貧困者就在他們的門口，而異教徒則遙遠難及。

因此，他們靈機一動，想出一個極具創意的折衷方案：聘請一位技藝精湛的畫家，備齊顏料與畫筆，凡有貧困者有衣物的需求，就依其所願，在其身上直接彩繪衣物。從高筒靴到立領、

第 11 章 理想的黃金時代？

從藍色燕尾服到繡花領帶，無不細緻描繪；珠寶與華麗鈕扣也一應俱全，全數依照當季最時髦的樣式繪製而成。第一位身著這種「彩繪衣裝」的男子在街頭現身時，自然引起一陣轟動。然而，這個構想極為新穎，且明顯優於傳統的穿衣方式，使得理想勝過實物的觀念大為鞏固。例如，這套新系統的最大優點之一，不僅象徵，也實際體現了最先進的金融哲學家的觀點；符合（如同那位演說專家所希望的）「衣著市場上更多民主，較少貴族特權」的理念；鼓勵社會使用最廉價的材料製作衣物；而這些用顏料繪製的棉、絲、羊毛和皮革，外觀竟與真實衣物極為相似，只有在嘗試用代表物交換真品時，才可明顯看出差異。

此外，依照這個系統設計的每一件衣服，尺寸都完美貼合。鈕扣的煩惱被徹底解決。每個人只要善用節省下來的穿脫時間，都能讓自己更富裕。人們甚至可以自在地穿著「畫衣」入睡；若有人希望一年三百六十五天，每天將猴子夾克換成大衣，或反過來換回猴子夾克，也可以迅速完成，且不會浪費任何比顏料更昂貴的原料。久而久之，這套系統因一個巧妙的念頭而得名「365

換穿法」。

　　當然，這種方式在天氣溫和舒適時效果很好；但到了季節轉涼結霜時，即使換了各種顏料，也無保暖效果；單憑信念沒辦法抵禦寒冷；身體的體溫和血液循環也未因一天塗藍色、隔天塗豌豆綠而有任何改善[5]。

　　又有兩位自認為精明的人物，彼得・馮・斯克雷普亨（Peter von Scrapehem）和以色列・達布（Israel Double），各自擁有一座價值一萬美元的農場。彼得將他的農場以全額市價賣給了以色列，並以該總金額設立了一筆抵押貸款；而以色列也以相同方式將自己的農場賣給彼得，並同樣取得了一筆等額的抵押貸款。如此一來，這兩位值得尊敬的先生，顯然都將自身的財產翻了一倍──原先每人僅擁有價值一萬美元的不動產，現在卻各自擁有了一萬的不動產與一萬的動產（即債權），兩人合計的名目資產總額從原本的兩萬躍升為四萬。這種透過產權交換來倍增財富的手法既簡便，效果又顯而易見，因此迅速成為眾人效法的榜樣。數月之後進行人口普查時，大家很驚訝地發現，只要認定表面上

第 11 章 理想的黃金時代？

的價值，人人都可以是百萬富翁。

在此期間，島上的牛奶供應主要由一家名為「乳業協會」（Lacteal Fluid Association）的公司壟斷。這家公司擁有島上所有的乳牛，為了方便供應，他們早就發行票券，每張票可兌換一品脫或一夸脫的牛奶，並只將牛奶賣給持有票券的人。在供應商與顧客之間的閉鎖交換中，這些票券流通得非常順利，完全能滿足市場需求，甚至被當作等同於牛奶的東西看待。票券越多，代表可換到的牛奶越多；而若沒有票券，那麼一滴牛奶也喝不到。

在戰爭期間，因缺乏其他肉類，島上的食人族吃掉了「乳業協會」所擁有的大量乳牛。政府也徵用了許多乳牛供軍隊使用，因此戰爭結束後，島上真正剩下的乳牛數量僅能勉強滿足基本需求。此時又爆發口蹄疫，感染了協會所有的乳牛，使牠們無法再生產牛奶，這使有嬰幼兒的家庭都痛苦不已，群眾因而自發性聚集，要求政府立即採取行動。

於是，一場大型公眾會議迅速召開，會議主席是一位深受愛戴、關心兒童的「迪克叔叔」。他身旁由多位重要市民擔任副主

席和秘書，但這些人除了小時候喝過一點牛奶調製的飲品外，對牛奶實際情況並不熟悉。

　　會議主席發表慷慨激昂的演說，表達了對嬰兒的憐憫以及對業者壟斷牛奶，拒發更多票券的憤怒。與會者決議要求「乳業協會」立即增加票券供應，否則將修改其特許章程。面對群眾壓力，協會不得不服從。每位市民心懷自豪地帶著充足的牛奶票回家，感覺自己終於站上了歷史的高峰。

　　那天晚上，所有的嬰兒都得到了各種牛奶票券，包括熱牛奶、冰牛奶、加糖牛奶、原味牛奶；甚至還有背面印著綠色標記，可以用來交換從其他票券中分離出來的奶油。但說來奇怪，這些嬰兒就像長大後不想用假貨的大人一樣，全都本能地拒絕接受這些紙片。前一晚的哭鬧跟這一晚比起來根本不算什麼，天亮時，整個島上的大人都被折騰得精疲力盡。

　　一切準備就緒後，人們再次召開會議，但這次的主角換成了媽媽和保母懷中的嬰兒。這些小人兒雖然年紀尚幼，可個個都覺得自己活得夠久，久到明白了一個連大人都不懂的道理：牛奶和

第 11 章　理想的黃金時代？

將牛奶票券當成牛奶給嬰兒

紙片完全不同。他們通過的決議簡短有力，大致如下：

首先，當前的困境需要的是更多牛奶，而不是更多牛奶票券；其次，獲得更多牛奶的辦法就是擁有更多乳牛；第三，想要有更多乳牛，就得工作，動手去飼養牠們，或是飼養其他同樣有價值的東西，再用這些東西去換牛；第四，有些永恆不變的真理，不論是嬰兒還是大人，都不可能違抗。最後大會還專門成立委員會，負責尋覓「神之磨坊」（譯注：出自古老的諺語：「神的磨坊磨得慢，但磨得極細」，意指報應雖然來得慢，但終究會來），好碾碎那些質疑第四項決議之人。決議通過後，會議宣告散會。

這是民眾首次對「人類之友」的觀點表現出不滿，不久之後，更多反對的聲音接連出現。既然「價值」是一種理想的概念，並且理想的價值單位已取代了以往具體可見的衡量方式，那

第 11 章 理想的黃金時代？

麼,大家便認為,也應該順理成章地用「理想的」度量工具來取代舊有的實體工具。因此,傳統的尺規、碼尺、磅秤、蒲式耳量器等,也都被淘汰。

於是,商人、水管工、炭販、瓦斯公司等所有需要出售商品的人,都改用印有文字的紙條來作為衡量標準。紙條上分別寫著:「這是一英尺」、「這是一蒲式耳」、「這是一品脫」、「這是一磅」等等。這時,那位數學高手再次被請來,為大家計算並論證:由於不再需要製造、購買和使用這些舊式的實體度量工具,所節省下來的勞力與資本,將會讓社會擁有更多的布料、啤酒、木炭、瓦斯,以及其他可測量的物品。

但這套新制度運作起來並不順利。買賣雙方之間對理想價值的看法毫無共識,一個人心中認為合理的交易標準,對另一人來說卻完全不同。就在社會還沒完全意識到發生了什麼之前,他們竟逐漸又倒退回早期島嶼歷史中曾試行但已廢棄的「以物易物」制度。結果,不再只有一種價格。每個擁有商品或勞務的人,都設立了至少四種價格標準:「實物價」、「現金價」、「理想貨幣

價」以及「賒帳價」。而每次開價之前，賣方總會先問買方：「你要用什麼方式付款？」[6]

- 「實物價」：以物易物的價格
- 「現金價」：以外國貨幣支付
- 「理想貨幣價」：以島上的理想貨幣支付
- 「賒帳價」：根據時間會增加的價格

因此，假設一位顧客想要一把刀，其「實物價」是一擔玉米；在「現金價」中，則是一枚五十分的金幣或銀幣；在「理想貨幣價」中，有時候是他能夠用籃子裝來的數量，有時候則是他能夠用推車裝來的數量，最後在放棄使用理想貨幣前，甚至要用一馬車貨幣才能換到一把刀。這種複雜的交易方式，最終讓島上的商業活動變得「十分有趣」，有趣到所有人都一頭霧水。

此時還傳來另一個消息，遠方的異教徒無法用島上寄去的肥牛畫來果腹，覺得被欺騙，正在準備對島上發動戰爭。為了應對

第 11 章 理想的黃金時代？

這場可能增加支出的衝突，政府決定徵收新稅。由於先前提到的那套新財政制度讓全島的財產估值膨脹許多，政府預期，即便課徵很低的稅率，也能帶來可觀的稅收。但當彼得、以色列和其他靠著互相買賣、抵押農場、虛增資產的聰明人發現：連這些「產權憑證」（也就是借據和地契）也會被當作實際財產來課稅時，他們馬上慌了手腳，趕緊互相退回交易憑證、取消抵押。結果，島上「帳面財富」就在一夕之間憑空消失了。

理想貨幣與實驗結果

或許大家還記得，當大家歡欣鼓舞慶祝新的理想貨幣體系時，有一群資本家不為所動。他們就是那些靠著勤勞節儉，累積了超出自身所需的產出，並將這些剩餘資源以船隻、房屋、馬車、手推車、煤炭、鐵材等形式借給他人使用的人。他們堅持借貸人必須按貨幣價值償還所借物資，並從中分取使用者可能獲得的部分利潤。

當時，島上的輿論普遍認為這些資本家都是患有「財富膨脹」

對未來通膨趨勢的預測

第 11 章 理想的黃金時代？

病症的人，膨脹程度因人而異，有些人資本雄厚可以出借一艘船，有些人則是僅能出借推車，或等值貨幣，他們皆被視為「膨脹階層」。社會上流傳的治病解方是「放血」，也就是用「理想貨幣」來償還債務，因為這種貨幣的實際價值，與當初簽訂借貸協議時的貨幣價值天差地遠。

異教徒稱這種做法為「搶劫」；但島上不少自認是虔誠的基督徒，對此卻漠不關心，只把它當作一種「衛教措施」。而那些從不譴責此類行徑，卻對古猶太人的罪孽大力抨擊的牧師，此時倒對社會道德普遍低落表現得痛心疾首。不過查閱該島歷史紀錄就會發現，當時各界正全力推動是否要在公立學校講授《聖經》的重大議題，也成功轉移公眾視線，讓他們無暇思考「契約精神」這類無關緊要的枝微末節。由此看來，所謂的道德低落，恐怕只是表象，未必真實。對歷史學家而言，最棘手的任務莫過於時隔多年後，如何拼湊這些看似並存，實則矛盾的荒誕事件。

無論如何，那些被稱為「膨脹階層」的資本家都想避免「被放血」，被迫接受已經大幅貶值的理想貨幣，因此紛紛趕在理想

貨幣大規模發行、流通之前要求對方還錢。一旦成功拿回本金，他們就變得非常謹慎，不再輕易出借東西。這一連串行為，當時被稱為「貨幣緊縮」。然而，這句話其實已經失去了大部分原本的意義──因為唯一真正「緊縮」的，是那些仍有價值的「好貨幣」，而這類貨幣早已銷聲匿跡，以致於年輕一代連它長什麼樣子都不知道；至於「劣幣」，數量卻還在不斷增加。

除了「良幣」之外，所有真正有價值的商品，如建屋造船用的木材，蓋廠房和機械設備所需的鐵料，做衣服用的布料，以及糧食作物等也都變得難以取得。這並不是因為這些東西真的短缺，而是因為擁有這些資源的人都害怕：一旦借出或賣掉，就再也拿不回等值的報酬。結果，島嶼不但沒有因此邁向繁榮，反而陷入困境。社會充滿了不信任，經濟活動減緩，生產停滯。即便有些人願意努力工作，也完全找不到可以投入的產業或機會。

黃金早就從市場上消失了。雖然島上出產黃金，但這項資源卻一直流向國外。一般人認為由於黃金現在是島上最便宜的東西，所以最先被出口。然而，贊同這項說法的人其實沒弄清楚真

第 11 章 理想的黃金時代？

正的原因。黃金在全世界的購買力根本沒有改變；變的是島上因為財政制度的問題，導致所有商品價格上漲。因此，外國商人更樂於接受黃金作為支付方式，然後再拿這些黃金到其他國家購買島上本來想出口的貨品。這樣，他們反而能以更低的成本獲得這些商品。

如同之前提到的，島民很難理解這樣的國際交易操作，但外國人卻彷彿天生就懂得這套邏輯，並且運用得很好[7]。這一切讓島上的產業變得更加混亂。儘管「人類之友」仍然高聲主張只要發行更多貨幣就能解決一切問題，但人民早已苦不堪言，對什麼解方都願意嘗試。他們開始抱怨政府為什麼還不採取行動，遲遲不發錢。事實上，大多數人早已在這件事上達成共識，只是島上的「國會」還沒到開會立法的時間。

終於，眾所期盼的一天到來了。國會正式開議，所有支持「更多貨幣」、支持「理想貨幣」以及擁護「人類之友」組織的人士全都到場，掌握了國會席次。議長才剛就座，立刻有五十位議員同時跳起來搶著發言，每個人手上都拿著一份要求立刻進行

Robinson Crusoe's Money

增加貨幣數量

資方:「將這一美元分割,變成了兩美元,這樣就創造了更多的錢。你看,我可以支付你『兩美元』作為工資。」

勞方:「但當我去買麵包時,發現它們只值一美元;所以我看不出來。」

第 11 章 理想的黃金時代？

財政立法的提案。國會首先通過的決議是，政府必須立刻發行足夠的貨幣，以滿足所有人、各行各業，現在或未來所有可能的需求；而這些新發行的法償貨幣，必須能夠用來清償所有過去、現在和未來的債務。

接下來的一個重要問題是，這麼多新印製且無限發行的貨幣，要怎麼分配？大家立刻明白，大量印鈔且沒有任何配套措施的做法絕對是行不通的。但如果不這麼做，那些一無所有、卻最迫切需要錢的人，又該如何獲得資源來滿足基本需求？此外，為了創造這批無限的新貨幣，勢必得印製數十萬張紙，上面寫著「一元」、「十元」等，不僅要花費大量紙張與墨水，還得耗費不少時間。而眼前最迫切的問題，是立刻紓解商業的困境。於是，國會決定暫時擱置「如何公平分配貨幣」這個棘手問題，轉而先設法透過「將貨幣供給量加倍」來立即紓困商業。

為了能立刻實施這項措施，並省下政府在雕版、印刷、紙張與墨水上的開銷，國會通過了一項新法案：凡是手中持有法償貨幣（即先前發行的紙鈔）的人，都可以將其裁成兩半，而每一半

都能視為完整的原鈔,其面額與原鈔完全相同、具有完全的效力。

這項排除手中沒有貨幣者的方案一開始看似極不公平,但稍加思考後,又覺得其實也沒那麼不合理。因為只要不是無條件送錢給所有人,實際上無論如何,能取得新貨幣的,必然也只會是那些原本就擁有貨幣的人,而且每人分到的數量將會與他們原本持有的資產成正比。既然這是遲早會出現的最終結果,倒不如現在就先按照這個方式實施,不是更加明智嗎?

第11章注釋

1. 美國眾議院巴特勒將軍的演講。
2. 1875年,美國社會改革家溫德爾・菲利普斯(Wendell Phillips)致「紐約法定貨幣俱樂部」(New York Legal-tender Club)的信。
3. 查爾斯・莫蘭,《紐約商業公報》(*New York Commercial Bulletin*),1875年10月5日。

4. 美國最高法院意見書,由斯特朗法官撰寫。——華萊士,第12卷,第553頁。

5. 當探險隊首次拜訪中南美洲阿特拉多河(Atrato River)的印地安人時,發現他們不習慣穿衣服,但與已開化社會的人接觸後,一些較聰明的印地安人開始在身體上彩繪,模仿衣服的圖案,他們聲稱這種「畫出來的衣服」在各方面都比探險隊穿的衣服還要優越。

6. 這是在1704年及那個時期康乃狄克州(Connecticut)實際發生的事情。參見《奈特夫人日記》(*Madame Knight's Journal*),該日記被約瑟夫·巴洛·費爾特和亨利·布朗森引用於他們的《新英格蘭貨幣史》(*Histories of New England Currencies*)。

7. 無論美國加州和澳洲發現黃金曾帶來何種短期影響,當今已沒有任何聲譽卓著的經濟學家認為,全球黃金的平均購買力低1849-1850年間的水準;換言之,那段期間之後黃金數量雖然增加,並未導致其實際貶值。

Robinson Crusoe's Money

第 12 章
覺醒

GETTING SOBER

當時預期大量新貨幣一經投入,貿易的齒輪便會立刻轉動起來。但不知為何,情況並非如此。齒輪不僅沒有轉動,反而摩擦變得比以往更加嚴重。事實上,貨幣量翻倍,不但沒有促進交易工具的發展,反而削弱了它們。願意用新貨幣換取商品的人,要麼將商品價格翻倍,要麼只給出原來一半的數量,認為新貨幣價值只是舊貨幣的一半。對這部分人來說,貨幣的充裕程度其實和以前並無差別。然而,大多數有商品要出售的人根本不願意接受這種「理想貨幣」作為交換。他們並非是金融家、哲學家,甚至也不是某個組織的特殊擁護者,他們只確信自己不是傻瓜,不相信把東西切成兩半還能當完整的東西用,或是一蒲式耳的穀物放入兩個半蒲式耳的量器裡就能變成兩蒲式耳。

因此,這種依法實施的貨幣加倍措施,唯一真正立竿見影的效果就是所有債務直接折半,而債權人對此完全無能為力。也就是說,根據新法案,每一塊舊貨幣現在都能當兩塊新貨幣使用。如此一來,島民很快學到了一堂最基本、但極其重要的金融課題:所謂「法償」指的是內在,具強制性的清償債務功能[1],亦即

第 12 章 覺醒

它具有強制向債權人收回債務的能力,而這一能力的發揮,與這種法定貨幣是否具有任何實質價值或代表性價值,完全無關。因此,若要為這項法案進行命名,應該稱為《債務減半法案》,或者更直白一點,也可稱之為《債權人應收帳款減半詐騙法案》。

值得肯定的是,島民大體上仍具有一定的道德操守,多數人不願藉由這項法案去做出不正當且卑劣的行為[2]。然而,一般大眾還是會擔心債務人會濫用這樣的法律權利,這種不信任與不安感,進一步使整體商業活動陷入停滯。

在此情勢下,還出現了一個與利率變化有關的奇特現象,引起了不少議論與關注。人們普遍認為,在貨幣供應無限制增加的情況下,利率理應走低;即便金融家與哲學家在其他經濟議題上爭論不休,對於這一點的預期卻幾乎是毫無異議的。島上一位極具實務經驗的人士,在某場公共辯論社的發言中,更是自信滿滿地聲稱自己已對此議題做出了最終且堅定的結論。他斬釘截鐵地說:「貨幣充足必然帶來企業興盛、社會繁榮與整體的進步;當貨幣充裕時,利率自然會降低」,正如馬匹與豬隻若數量充沛,

其價格自然走低一樣。他表明自己「完全摒棄那些陳腔濫調與老掉牙的金融話術」，並認為這些論點「毫無生命力可言」。他更強調，自己寧願「根據實際的經濟結果與當前國家的真實情況來做判斷，而不願再理會那些被理論束縛的空談」[3]。

這番言論充滿原創性與區域性的直覺思維，同時也展現出對歷史經驗與既有理論的輕蔑與自信。這位辯士的支持者深信，他比過去任何時候都更有資格擔任曾由魯賓遜出任的行政首長職位。然而，實際上他對於金融的認識仍一知半解，尚未理解「資本」與「貨幣」間的根本區別。他天真地以為，擁有印著馬、豬或錢幣圖樣的紙條，就等同於真正擁有那些由勞動所積累出來的實體馬匹、豬隻與財富。於是，他那些與理論經驗相違背的論點，自然無法真正持久。

隨著時間推移，島民逐漸體會到以下幾項重要的經濟事實：發行越多不可兌現的紙幣，就越會貶值；而貨幣一旦貶值，所需的貨幣量就越大。若要借貸貶值貨幣，所需借貸的面額一定會高於穩定的貨幣。而利率的計算，是根據「名目上的貨幣數量」來

第 12 章 覺醒

決定的,而不是其實際購買力。此外,貨幣貶值所導致的價格上漲(如前所述,價格即是商品或服務以貨幣衡量的購買力),進一步刺激了市場上為投機目的而大量借貸的行為。借款人越多,市場上的競爭就越激烈;而競爭越激烈,對商品或服務的需求就越強,結果又更一步導致價格推升。

此外,由於島上的貨幣是透過人為手段大量發行,其可交換的價值始終處於不穩定的狀態;而不可避免的,資本也就變得愈加謹慎保守,資方會鎖住資金,降低風險。即便勉強願意出借,也會因為風險提高或資金變得相對稀缺,而要求額外的報酬作為補償[4]。

在經過相當一段時間的實驗與體驗之後,島上的居民逐漸領悟到,金錢的擁有是財富的結果,而非財富的起因;此外,除非在某些特殊情況與條件下,利率的高低,其實取決於社會中「非貨幣形式資本」的多寡,單靠增加貨幣數量,無法使利率持久地降低[5]。

經歷這段艱辛的過程,島民逐漸體認要實現個人或國家繁

榮，就必須接受並遵守某些基本經濟規則。他們最終明白財產是真實存在的，是勞動所創造的成果；資本則是生產結果中可被儲存並用來進一步投資於其他生產的部分；至於貨幣，只是促進資本流通和商品服務交換的工具。只有生產才能換取生產；用紙幣或貨幣符號購買商品時，商品並未真正被支付，除非這些符號最終被某種勞動、貨幣或其他商品的實際價值所取代。最終，他們了解到，一個國家和人民的富裕，依靠的是實際產品的產出，而非無節制地擴大交易媒介的數量。

他們也發現，過去當作貨幣使用的那些支付承諾，其實本質上是債務；而債務以及其他權利形式，不過是所代表財產的影子而已。當大家試圖先創造債務，再將債務稱為貨幣，並把貨幣當作財富來追求致富，只會陷入投機、揮霍、懶散和貧困的惡性循環。就像寓言中那隻狗，為了追逐水中倒影而放開嘴裡的肉，最終失去了靠辛勤勞動所累積的真正財富。他們試圖用財富的影子代替真正的財富，反而失去了實際的富裕。

他們也逐漸意識到，增加貿易往來的首要條件，就是買賣

第 12 章 覺醒

餓狗與影子
追逐虛幻的影子,反而失去了真正的實質。

雙方建立信任；而只要代表價值的貨幣或其他促進交換的中介工具存在不確定性與波動性，這種信任就無法建立。他們也得出結論：使用廉價貨幣並不經濟，換句話說，使用劣質工具（貨幣本身即為一種工具）所帶來的損失和浪費，遠遠超過使用優質工具所增加的利息成本。基於這樣的推理，黃金或黃金支付承諾將逐漸再次成為島上流通的貨幣。

有人曾預言並憂慮，擔心島上難以取得足夠的黃金作為貨幣或貨幣基礎，尤其考慮到近期發生的一切事件，島上的黃金已經被大量的輸出。但事實上，無論是在與食人族作戰期間還是之後，在取得黃金部分，金匠和珠寶商從未遇到困難。即使黃金十分稀缺且珍貴，他們仍能輕易獲得，甚至如果顧客願意出高價，他們還可擁有多達實際使用量百倍的黃金。當島上商人、貿易商及一般民眾確信使用黃金是有經濟效益的，並決心採用黃金為交易媒介，市場上的供應是十分充足，並未發生黃金短缺的狀況。

在等待結果的同時，有一件事大大減輕了民眾的擔憂。他們從外國報紙上得知，一些相對貧困的地區，如奧勒岡州、亞利桑

第 12 章 覺醒

那州、內華達州和華盛頓領地在取得作為貨幣的黃金時，並不會比取得獨輪車或蒸汽機更難，甚至還能笑著談論黃金萬一被奪取的狀況。

第一步走對方向後，接著一連串正確的行動也自然而然地發生，且取得了令人滿意的結果，就如那著名的寓言「老太婆和小山羊」一樣：故事中水一旦開始撲滅火焰，火焰便開始燒棒子，棒子就願意去打狗，狗開始咬小山羊，小山羊也就願意跟著老太婆走回家了。而正因為這一連串的連鎖反應，老太婆終於帶著小山羊安全回家，雖然時間比預期的晚了許多。島上的繁榮也是透過這樣一連串的事件，慢慢地恢復了。

至於那些曾引發嚴重金融危機與商業動盪、導致國家不幸的「人類之友」們，他們很快就不再受到任何人的關注，淪為人們的笑柄與嘲諷對象，最終甚至被遺忘。人民如今都忙於重建自己的財富，無暇再回顧那些令人羞愧的過去。有些人終於認清自己的錯誤，轉而成為良善的公民；但還是有人始終堅信，將本無內在價值的東西稱作「貨幣」，就等同於創造了財富，當這種錯誤的

信念逐漸根深蒂固後，絕對會演變成一種妄想。在天氣晴朗的日子裡，人們常常可以看見他們聚集在街角，撿拾樹葉、枯枝和稻草屑，並向聚集在旁的孩童宣稱，只要大家「有信心」這些東西是錢，它們就真的能成為貨幣。然而，即使是天真無邪的孩童，也覺得這樣的說法未免太過荒謬，實在難以相信。

最後值得一提的是，島上建有一處展廳，至今仍保留一座當年魯賓遜居住的洞穴模型，作為這段充滿波折歷史的紀念；而更有趣的是，除了洞穴外，還展示著他從船上帶回來的那只原始木箱，裡頭裝著當時的別針、縫針、小刀、布料和剪刀，還有三大袋當年毫無用處、但如今已被認可為「良幣」的貨幣。

在同一間展廳裡，也陳列著大量曾被視為「理想貨幣」的紙幣樣本，牆上還掛著一幅畫，畫上描繪著那位將紙幣貼滿理髮店牆面的理髮師，以及那隻被民眾用柏油和紙幣糊滿全身、牽上街頭遊行的狗。這些展品，既是歷史的殘影，也是對荒謬金融幻想的一種沉默而深刻的批判[6]。

第 12 章　覺醒

第12章注釋

1. 這是美國對「法償貨幣」（legal tender）的詮釋。而英國對此概念的理解，則在1811年6月英國上議院的一場辯論中被清楚闡明。當時指出，「法償」在英國的適用範圍僅限於以下情況：若債權人對債務人提起訴訟並勝訴，債務人可以主張曾以銀行券進行清償，從而請求暫緩執行判決；但他並無權要求法院強迫債權人接受銀行券作為清償手段。因此，即使在英國長期中止金銀兌付的期間，銀行券也從未被視為「美國意義上的法償貨幣」。換言之，英國的法償制度從未賦予紙幣無條件履行債務的強制效力。

2. 在美國獨立戰爭結束之後，利用已大幅貶值的「大陸紙幣」或各州發行的紙幣的法償地位來償還債務，被普遍視為一種可恥的行為。辛辛那提協會（Society of Cincinnati）甚至曾將一名成員開除，理由就是他做出了這種道德上不可接受的舉動。當

時，羅德島州是所有州中最長時間試圖依靠立法手段，維持這類紙幣的法償地位與實際流通使用的一州。也因此，它常被人戲稱為「流氓島」（Rogue's Island），以嘲諷其不理性的貨幣政策。

3. 這段描述並非全為虛構，若想知道更多實際內容，請參考美國參議員奧斯卡・莫頓（Oliver Perry Morton）的演講，收錄於《國會記錄》（*Congressional Record*），第四十三屆國會第一次會期，第二卷第一部分，第669頁。

4. 當一個人在「金錢與貨幣」這個議題上陷入迷思時，常會固執地抱持一種錯誤的信念，認為只要發行一張「支付承諾」並稱之為貨幣，就等於創造了財富；反之，當這些承諾被履行、經由付款而註銷或收回時，就等同於財富的毀滅，甚至還會導致資本（意即真正可用於投資或生產的財富）短缺，並推高利率。這種錯誤觀念的根深蒂固，經常在現實生活中以種種荒謬可笑的方式展現出來，而這些實際案例，往往比抽象的理論來得更具教育性、說服力。

第 12 章 覺醒

舉例來說,有位美國參議員(若非記錄在案簡直難以置信)認為,因為市場上馬和豬的供應增加會使馬和豬變便宜,因此借貸資本的憑證(即借入、使用且未償還的資本證明)供應增加,將傾向於增加可貸資本的數量和利率。另一個類似的例子是在佩拉提亞・韋伯斯特提到的大陸會議成員中,他在討論為戰爭增加稅收時,憤怒地問道:「既然人們能去印刷廠整車整車的拉錢,憑什麼還要我幫忙徵稅?」

愛爾蘭暴民的行徑為此提供了絕佳的註解。他們將某位遭人唾棄的私人銀行家所發行的全部票據全部燒毀。當這群人圍著熊熊烈火雀躍歡呼時,全然不曾意識到,這場焚燒非但未能讓仇敵破產,反倒使其更加富有。

以下這則流傳於康乃狄克州東部小鎮的故事,同樣揭示了這種普遍存在的認知謬誤:

1857年金融恐慌最嚴峻之時,一位正直的鄉間農民兼教會執事,他因持有一家地方銀行的大量股份而被掛名推選為董事,某天他遇到一位農民前來求助,希望他能幫忙從銀行貸款。執

事深知時局艱難、銀根緊縮，雖想幫忙卻未立直接答應，只說會先去銀行探明情況再作決定。

次日（正值危機頂峰，所有銀行票據都因普遍失信而遭擠兌），兩人一同進城。貸款申請人在外等候，這位董事則進入銀行查探。他穿過會議室來到櫃檯後方，雖一言不發，卻睜大眼睛注意到保險櫃和抽屜裡塞滿了成捆的鈔票，這些近期被集中要求兌付的票據，正令銀行焦頭爛額。無需更多證據，他便確信銀行資金充裕，於是回到街上告知朋友一切正常。朋友隨即進門，信心十足地提出申請。

「我很樂意為您效勞，但實在無款可貸。」銀行職員禮貌的答覆令二人大吃一驚。「沒錢？」得知結果的董事生氣的說，「我剛才明明親眼看見保險櫃和抽屜裡塞滿了鈔票！作為基督徒和教會執事，我不能再昧著良心擔任這家不道德機構的董事和股東了！」

然而，若這位善良的董事回家後，在桌子抽屜裡發現一些他個人簽署但尚未發行的本票，他不會因這些本票存在而覺得自己

第 12 章　覺醒

變富有，反而會在這種時候更安心，因為這樣不會造成市場上多出無法兌現的債務或貨幣。可是他卻無法理解，為什麼銀行鈔票雖然看起來像錢，但卻不能被當成真正的「貨幣」使用，

5. 1860年至1870年間，美國將流通貨幣的數量增加了一倍，但到了1870年，利率卻和1860年一樣高。

6. 這些就是大陸紙幣最後被利用的情況。可參見威廉・格拉漢・薩姆納（William Graham Sumner）的《美國貨幣史》（*History of American Currency*），第46頁。

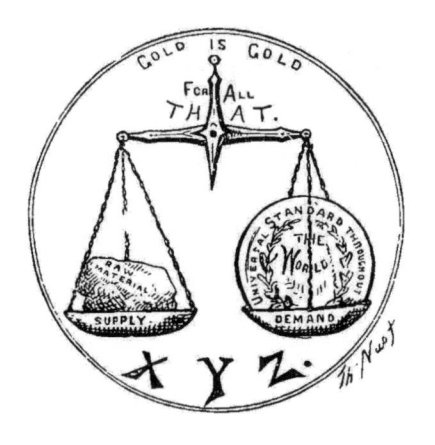

GOLD IS GOLD
FOR ALL
THAT.

SUPPLY — UNIVERSAL STANDARD THROUGHOUT THE WORLD — DEMAND

X Y Z.

Th: Nast

貨幣陰影：《魯賓遜漂流記》的金錢寓言
Robinson Crusoe's Money;
Or, the Remarkable Financial Fortunes and Mis-fortunes of a Remote Island Community

大衛・威爾斯 David A. Wells／著
許艾利／譯

書系｜知道的書Catch on!　書號｜HC0116

著　　　者	大衛・威爾斯 David A. Wells
譯　　　者	許艾利
行銷企畫	廖倚萱
全書美術設計	郭嘉敏
業務發行	王綬晨、邱紹溢、劉文雅
總　編　輯	鄭俊平
發　行　人	蘇拾平

出　　　版　大寫出版
發　　　行　大雁出版基地 www.andbooks.com.tw
　　　　　　地址：新北市新店區北新路三段207-3號5樓
　　　　　　電話：(02)8913-1005 傳真：(02)8913-1056
　　　　　　劃撥帳號：19983379　戶名：大雁文化事業股份有限公司

初版一刷　2025年6月
定　　價　399元
版權所有・翻印必究
ISBN 978-626-7676-14-1
Printed in Taiwan・All Rights Reserved
本書如遇缺頁、購買時即破損等瑕疵，請寄回本社更換

國家圖書館出版品預行編目（CIP）資料

貨幣陰影：《魯賓遜漂流記》的金錢寓言 / 大衛・威爾斯（David A. Wells）著；
許艾利 譯 | 初版 | 新北市：大寫出版：大雁出版基地發行 | 2025.6
184面；14.8x20.9公分.（知道的書Catch on!；HC0116）
譯自：Robinson Crusoe's Money; Or, the Remarkable Financial Fortunes and Misfortunes of a Remote Island Community
ISBN 978-626-7676-14-1（平裝）

1.CST: 貨幣史

561.09　　　　　　　　　　　　　　　　　　　　　　114005997

Catch on!

Catch on!
知道的书